# 学校における
# 自殺予防教育のすすめ方
## [改訂版]

### だれにでもこころが苦しいときがあるから

窪田由紀　シャルマ直美 編著

遠見書房

カバーイラスト：田中まり（たいせつプロダクト）

# はじめに

## ――改訂にあたって――

本書の初版が世に出た 2016 年２月から７年半以上の月日が流れました。

この間，子どもの自殺の深刻な実態を受けて，『改正自殺対策基本法』や見直された『自殺対策大綱』において，学校における心の健康に関する教育・啓発や子ども・若者の自殺対策のさらなる推進が謳われ，全国でさまざまな取り組みが展開されるようになりました。

しかしながら，コロナ禍を経て自ら命を絶つ子どもたちの数は増え続けているという痛ましい現実があります。国や地方での啓発が進んだことで，学校における自殺予防教育の必要性は広く認識されるようになったものの，まだまだすべての子どもたちにメッセージが届いているというにはほど遠い現実があります。

本書は，改訂版においても初版と同様，「生涯を通してのメンタルヘルスの基礎づくり」という視点から子どもの自殺予防を幅広くとらえ，日々の教育活動の延長線上に実践が広がることを目指し，そのための基本的な考え方や具体的な方法を示します。

改訂版も初版同様，理論編と実践編から構成されています。

理論編の第１章では，今日に至る自殺の実態や国の施策を踏まえて学校における自殺予防教育の必要性・必然性を再確認しました。第２章では，学校における自殺予防教育が既存の理論モデルや枠組みにどのように位置付けられているかを示しました。第３章（初版第２章）では，学校を拠点に自殺予防教育を行うことの必然性をいくつかの視点から述べています。第４章（初版第３章）の児童生徒を対象とした自殺予防教育の展開は，初版出版以後の国内外の実践・研究のレビューも加えて再構成しました。理論編の各章は，学校，地域で自殺予防教育実施に向けての合意形成や体制整備の根拠資料として活用いただければ幸いです。

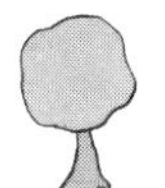


実践編の第５章では，北九州市において，地域の合意形成・教材開発・人材育成を行い，自殺予防教育を導入してきた過程に加え，精神保健福祉センター，教育委員会，臨床心理士会（北九州市スクールカウンセラー）が連携・協働関係を深めながらその定着に向けて組織的に取り組んできた過程が示されています。一部の学校の熱心な教職員の実践を超えて地域全体での持続可能な取り組みとする上でのヒントが詰まっていると確信しています。第６章には，学校における合意形成の手立てとしての教職員研修，第７章には児童生徒対象の授業プログラムについて，実施に向けての具体的な内容と進め方を示しています。付録に掲載している研修資料や指導案，教材プリント等は，初版以降の７年間に発展してきたものですが，初版同様ダウンロード可能な形で提供しています。それぞれの現場に合わせてアレンジしてご活用ください。

本書が，多くの同じ志を持つ教職員やスクールカウンセラーの皆様，教育委員会や精神保健行政の担当者の方々，地域で子どもの支援に携わるさまざまな立場の皆様が，子どもたちが信頼できる大人として，子どもたちの SOS を受け止め，直接メッセージを届ける主体として，また，自殺予防対策教育の恒常的な実施に向けての体制作りの担い手として，それぞれの立場で関わっていかれるための一助となることを願っています。

令和６（2024）年６月

著者を代表して　窪田由紀

# 目　次

## 第2部　実践編

## 付　　録

# 第１部
# 理論編

第１章

# 子どもを直接対象とした自殺予防教育の必要性

窪田由紀

子どもの自殺予防の必要性については異論がない一方で，実際に子どもを直接対象とした「自殺予防教育」を行うことについては，未だに何をどのようにすればよいのかが定かでないこともあって，不安と戸惑いが大きいのも事実です。

本章では，子どもを直接対象とした自殺予防教育の必要性について，いくつかの観点から述べ，改めてその必要性・重要性を確認したいと思います。

## 1．子どもの自殺の実態

1998 年以降３万人を超え続けていた日本の年間自殺者数は，国を挙げての自殺対策が進む中で 2010 年以降ようやく減少傾向に転じましたが，2020 年からのコロナ禍を経て微増傾向となり，2022 年の自殺者数は 21,881 名で，１日あたり約 60 人の方が自殺に追い込まれておられます。世界的に見れば，主要先進７カ国の中で全体では第２位，女性は１位と依然深刻な状態にあります。

全体としては減少傾向にある中で，未成年については横ばいであったものが，2017 年からは増加傾向となり，2020 年の児童生徒（小・中・高校生）の自殺者数が前年比 100 人増の 499 名となった際の衝撃は記憶に新しいところです。表 1-1 に，2019 年以降の児童生徒の自殺者数を校種別性別に示しています。３月～５月にかけて新型コロナウイルス感染防止のために約３カ月の休業措置が取られた 2020 年に高校生女子で前年から

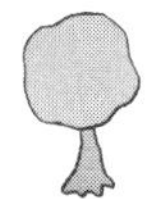



表 1-1　児童生徒の自殺者数の推移（校種別性別）

| | 2019 年 | 2020 年 | 2021 年 | 2022 年 |
|---|---|---|---|---|
| 小学生男子 | 3 | 4 | 4 | 12 |
| 小学生女子 | 5 | 10 | 7 | 5 |
| 中学生男子 | 65 | 77 | 74 | 73 |
| 中学生女子 | 47 | 69 | 74 | 70 |
| 高校生男子 | 199 | 199 | 169 | 208 |
| 高校生女子 | 80 | 140 | 145 | 146 |
| 合計 | 399 | 499 | 473 | 514 |

60 人，中学生女子で 22 人増加するなど，大きく増加しましたが，2022 年には男子高校生の増加もあって，過去最大の 514 人となっています。

コロナ禍での児童生徒の自殺者数の大幅な増加について，「児童生徒の自殺予防に関する調査研究協力者会議」では審議のまとめ（文部科学省，2021）において，１）学校の休業や在宅勤務などによる家庭内の過密化や家庭の経済状況の悪化などによる家族関係の悪化，２）一斉休業による友人・教職員との日常的なコミュニケーション機会の減少や学校行事の縮小・中止などによる達成感を得る機会や自分を支える居場所の喪失を挙げ，結果として専門的対応を要する児童生徒が増加したと分析しています。

## 2．子どもの自殺の背景

表 1-2 に厚生労働省の資料に基づき，2019 年から 2022 年までの児童生徒の自殺の原因・動機の上位を示しました。注にありますように，2021 年までは遺族等の聴き取りから原因・動機を１人について最大３件まで，2022 年については最大４件まで抽出したもので，年による若干の違いは見られますが，おおむね，学業不振，進路，親子関係が上位を占めています。2021 年, 2022 年にはそれに加えて病気の悩み（その他精神疾患）が増加しています。男女別に見ると，男子では，学業，進路が常に上位を占めている一方で，女子の場合は高校生，中学生でうつやその他精神疾患など病気の悩みの多さが特徴的となっています。

子どもたちにとって学校と家庭はその生活の大部分を占める重要な居場所ですが，その中で悩みを抱え，募らせ，精神的に追い詰められていった

表 1-2　児童生徒の自殺の原因・動機

| | 2019 年 | | 2020 年 | | 2021 年 | | 2022 年 | |
|---|---|---|---|---|---|---|---|---|
| | 数 | 順 | 数 | 順 | 数 | 順 | 数 | 順 |
| 学業不振 | 43 | 1 | 52 | 2 | 40 | 2 | 83 | 1 |
| その他の進路の悩み | 41 | 2 | 55 | 1 | 33 | 4 | 60 | 2 |
| 親子関係の不和 | 30 | 3 | 42 | 3 | 38 | 3 | 40 | 5 |
| 病気の悩み（その他精神疾患） | 26 | 4 | 40 | 4 | 44 | 1 | 56 | 3 |
| 家族からのしつけ・叱責 | 26 | 4 | 26 | | 18 | | 37 | |
| 病気の悩み（うつ） | 20 | | 33 | 5 | 27 | | 44 | 4 |
| 入試の悩み | 21 | 5 | 18 | | 18 | | 37 | |
| 男女問題 | 31 | | 29 | | 30 | 5 | 23 | |
| いじめ | 2 | | 6 | | 8 | | 8 | |

＊厚生労働省・警察庁　自殺の統計（2020, 2021, 2022, 2023）より作表。2021 年までは１人について原因・動機を最大３件，2022 年度は最大４件をカウント

様子が窺えます。子どもの自殺というと必ず話題になるいじめの数は各年ともに決して大きな数字ではありません。ここで挙がっているのは，遺族等，遺された人からの聴き取りであるため，周囲が気づいていなかったいじめはカウントされない事情があります。しかしながら，いじめが直接的な要因と思われる事案は決して多くないのも事実だと思われます。このことは，いじめを軽視していいという意味では決してありません。フィンランドにおける追跡研究では，８歳の時点でいじめに関わった子ども（いじめる側，いじめられる側を共に含む）が 25 歳までに自殺関連行動を起こす割合が有意に高いという結果が得られており（Klomek *et al.*, 2009），いじめに関わることによる自尊感情や対人信頼感の低下は，その後の人生で危機に遭遇した際の自己破壊的な対処に繋がることが示されています。いじめの防止・解決が重要であることは言うまでもありません。ただ，ここで強調しておきたいのは，いじめのみに焦点化することなく，子どもの日常生活への丁寧な見守り・気づき・支援が欠かせないということです。また，精神疾患が特に中高生女子で上位にあることからも，心の健康に関する知識や対処スキルの育成も重要となります。

## 3．子どもの自殺予防をめぐる国の動き

わが国では，年間の自殺者数が，1998 年以降３万人を超え続けていたことから，2006 年に『自殺対策基本法』が制定されました。文部省（当時）は同年,「児童生徒の自殺予防に向けた取り組みに関する検討会」を設置し，子どもの自殺対策への本格的な取り組みが始められました。翌年には,『子どもの自殺予防のための取組に向けて』第一次報告が出され，子どもの自殺の現状，自殺予防の基本概念や学校における自殺予防活動の基本を示した上で，ただちに実施すべき対策として，①子どもの自殺に関する実態把握のための体制整備，②自殺が起きてしまった後のケア，③子どもの自殺予防に関する教師を対象とした教育，④自殺予防の基礎知識のウェブサイトへの掲載を挙げています。それを受けて，同会議（翌年から「児童生徒の自殺予防に関する調査研究協力者会議」と名称変更，以後「協力者会議」）において, 2009 年に『教師が知っておきたい子どもの自殺予防』(③)，2010 年に『子どもの自殺が起きた時の緊急対応の手引き』(②)，2011 年に『子供の自殺が起きた時の背景調査の指針』(①）が作成・発行されました（2014 年に改訂）。

その後の協力者会議の議論の中で，子どもを直接対象とする自殺予防教育の必要性が検討され，2010 年の米国視察を経て，2014 年に『子供に伝えたい自殺予防—学校における自殺予防教育導入の手引き』が作成・発行されました。これらの冊子の発行は，その都度，教育委員会経由で全国の学校に周知され，活用が促されてきたほか，2010 年度以降全国４カ所で，2016 年度以降は 10 カ所でこれらの冊子を基に「児童生徒の自殺予防に関する普及啓発協議会」(③）が実施されています。

その後も児童生徒の自殺の深刻な状況が続く中，2016 年に制定・施行された改正自殺対策基本法においては，第 17 条に，学校における自殺予防教育について詳細に記載されました。具体的には，学校は当該学校に在籍する児童，生徒等に対し,「かけがえのない個人として共に尊重し合いながら生きていくことについての意識の涵養等に資する教育又は啓発」,「困難な事態，強い心理的負担を受けた場合等における対処の仕方を身に付ける等のための教育又は啓発」,「心の健康の保持に係る教育又は啓発」を行うよう努めるものとすると，謳われています。さらに，法律を受けて策定された『自殺総合対策大綱』の重点施策の一つとして，子ども・若者の自

殺対策のさらなる推進が掲げられ，いじめを苦にした子どもの自殺の予防，学生・生徒への支援充実，「SOS の出し方に関する教育」の推進が挙げられました。この「SOS の出し方に関する教育」は，改正自殺対策基本法における「困難な事態，強い心理的負担を受けた場合等における対処の仕方を身に付ける等のための教育又は啓発」に該当します。

先述したコロナ禍の 2020 年の児童生徒の自殺者数の大幅増加を受けて，「協力者会議」では審議のまとめ（文部科学省，2021）において，児童生徒の自殺予防のために必要な施策として，１）すべての児童生徒を対象とする心の健康の保持増進に係る教育および啓発の推進，２）ハイリスクな児童生徒の早期発見・対応へ向けた ICT の活用，３）自殺予防のあらゆる段階における関係機関等の連携体制の構築の３点を挙げています。

一方，子どもの貧困，児童虐待，障害，重大ないじめなど子どもに関するさまざまな課題に総合的に対応するため，各府省庁に分かれている子ども政策に関する総合調整権限を一本化する司令塔として，2023 年４月にこども家庭庁が創設されました。「こどもの自殺対策に関する関係省庁連絡会議」が設置され，関係者からのヒアリングを含む数回の議論を経て６月２日に『こどもの自殺対策緊急強化プラン』がとりまとめられ，取り組むべき施策として７点が掲げられました（こども家庭庁，2023）。

このうち，文部科学省，学校との関連が深いものとしては，１）こどもの自殺の要因分析，２）自殺予防に関する教育や普及啓発等，３）自殺リスクの早期発見が挙げられます。１）では，警察や消防，学校・教育委員会，自治体等が持つデータの集約と分析，２）としてはすべての児童生徒が「SOS の出し方に関する教育」を年１回受けられるように周知することと教員や保護者のこどもの SOS の受け止めに関して学ぶ機会の設置，文部科学省における学習指導要領に基づく心の健康に関して体系的に学ぶための啓発資料の作成，３）として，全国の学校で１人１台端末を活用した自殺リスクの把握や分野を超えた連携へのデータの活用，スクールカウンセラーやスクールソーシャルワーカーの配置促進による教育相談体制の充実などが挙げられています。

## ４．子どもを直接対象とする自殺予防教育の必要性

これまで述べてきたように，子どもの自殺の極めて深刻な状況が続いており，それを受けて国においても改正自殺対策基本法に児童生徒の心の健

康に関する教育・啓発の必要性が記載されたのを初めとしてさまざまな施策が示されてきていることから，今日，子どもを直接対象に自殺予防教育を行う必要性は広く認識されるようになっていると思います。以下，３つの視点から，さらにその必要性を明確に示したいと思います。

### （1）生涯を通してのメンタルヘルスの基礎作りという視点

繰り返し記載したように，今日児童生徒の自殺の実態は非常に深刻な状況にありますが，令和４（2022）年の人口10万人あたりの自殺者数を示す自殺死亡率は，全体で17.5，高い順に50代23.4，40代21.1，80代20.1，20代19.8，30代18.7の順であり，10代は7.9となっています。

このように依然として中高年の自殺の深刻さは変わらないため，自殺対策はこれまで通り中高年に重点を置くべきだとの議論も成り立ちます。最も自殺死亡率が高い50代男性の自殺の原因･動機の第１位は健康問題，続いて経済・生活問題となっていますが，健康問題のなかには他の要因によって追い込まれた末の精神疾患も含まれています。

これまで自殺対策として，うつを早期に発見して治療に繋ごうというさまざまな取り組み――種々の媒体による啓発,経済･生活問題に関する種々の相談窓口の設置や広報が行われてきました。しかしながら，これらの対策が奏功するには，問題を抱えた当事者が相談窓口にアクセスし，支援を求める必要があります。しかしながら，問題を抱えれば抱えるほど「心理的視野狭窄」（高橋，2008）に陥り，周囲の援助者や援助体制に気づけず，活用できないことは指摘されている通りです。また，国立成育医療研究センターが小学生，中学生およびその保護者を対象に行った『2021年度新型コロナウイルス感染症流行による親子の生活と健康への影響に関する実態調査』（国立成育医療研究センター，2022）では，「助けが必要な状態である」と感じるような抑うつ症状が自分に現れた場合に「誰にも相談しないでもう少し自分で様子をみる」と回答した子どもが，小学５～６年生の25.5%，中学１～３年生の35.2%に上り，自身が抱えている抑うつ症状が重症の子どもほど，周囲に相談しない（できない）ことが明確に示されています。種々の要因が複合して抑うつ的になっている人々に種々の援助資源を提示してもはや遅いということになります。

また，中高年の男性は男らしさへの囚われから，他者から援助を得ることや心身の不調に対しての受診行動をとることに抵抗があり，結果として

深刻な状態に至るという指摘（伊藤, 2008）もあり，さまざまな問題を抱えて抑うつ的になっている中高年男性を直接ターゲットとした自殺対策には限界があることが窺えます。

そのような意味で，彼らが子ども時代に自殺や心の危機についての正しい知識と人生において困難に直面した際の対処スキル――他者に援助を求めること――を身に付け，具体的な援助機関についての適切な情報を持っていたとしたら，危機に遭遇した際に一人で抱えこんで死を選ぶ以外の選択肢を持つことに繋がったのではないでしょうか？

子どもを直接対象とした自殺予防教育は，子ども時代の自殺予防に留まらず，生涯通じてのメンタルヘルスの基礎作りとしての意味を持っているのです。

### （2）友人の危機に適切に対処できる「ゲートキーパー」を養成するという視点

これまで述べたように，種々の困難が重なって危機的状況に陥ると「心理的視野狭窄」となり，さまざまな援助者や援助体制があることに気づきにくくなります。また，自殺の対人関係理論（Joiner, 2005）では，自殺念慮を所属感の減弱と負担感の知覚という２つの対人関係上の問題と関連して生じるとしている（勝又, 2015）ことから，自殺念慮が生じた段階では，孤独感や孤立無援感を抱いたり（所属感の減弱），自分が他者の重荷になっていると感じたり（負担感の知覚）しているので，自ら援助を求めることは非常に難しいということができます。

加えて，思春期になると子どもが悩みを抱えた際の相談相手は，親や教職員と言った大人よりも友人が圧倒的に多くなります。ある調査によれば，友人から「死にたい」と打ち明けられたことのある生徒は２割にも上っているとのことです（阪中，2008）。所属感の減弱や負担感の知覚から，友人にすら相談することが難しいとも考えられますが，その場合も，親や教職員よりも友人の前でありのままの姿を見せる可能性が高く，いつもと違った様子に気づくことが多いのは身近な友人といえます。

そのような意味で，危機に陥った子どもが適切な支援に繋がるためには，身近な友人がゲートキーパーとしての役割を果たせるようになることが重要になります。ゲートキーパーとは，最前線で危機を食い止める門番という意味で，主として自殺予防について友人，家族，教職員，地域の人々な

どメンタルヘルスの非専門家に一定の知識と対処スキルを提供し，危機に陥っている人を適切な支援に繋ぐ役割を期待するものです。

阪中（2014）は，友人の危機に「気（き）づいて」「寄（よ）り添って」「受（う）け止めて」「信（し）頼できる大人に」「繋（つ）ぐ」ことを，これらの頭文字をとった「きようしつ」というキャッチフレーズとして伝える自殺予防教育プログラムを開発・実施しています。

具体的には，心の危機のサインについての知識，そのようなサインを示す友人への声のかけ方や話の聴き方をロールプレイなどできるだけ体験的に学ぶ機会を提供します。その上で，友人の悩みが深刻で「死んでしまいたい」「消えてしまいたい」ほど苦しんでいる場合には，信頼できる大人に繋ぐ必要性を十分に伝えることが重要です。乞われるままに秘密にしていた場合，友人が万が一本当に自分を傷つけてしまったり命を落としてしまうようなことが起きた時は，相談された子どもは一生大きな傷を背負わなければならなくなります。自分を責めるあまり，第二の悲劇が起こってしまう可能性すらあります。ゲートキーパー養成としての自殺予防教育は，現に苦しんでいる子どもを支援に繋ぐ手立てを提供するだけでなく，そのような子どもの周囲にいて相談に乗っている子どもを救う意味も持っています。

また，子どもたちが友人の危機に際してゲートキーパーとしての役割を果たすために必要な知識とスキルを身に付けることができれば，将来身近な人の危機に気づいた際にも適切に対処することが可能になるはずで，「国民一人ひとりが自殺予防の主役となる」という自殺総合対策大綱が謳っている方向性にも一致した取り組みだということができます。

### （３）自殺に関する誤った情報や言説から子どもたちを守る意味

とはいえ，学校現場では子どもたちを対象に「自殺を話題にする」ことへの不安が強いのは明らかです。いわゆる「寝た子を起こす不安」の根深さが窺えます。自殺によって話し合うことが，子どもが実際に行動に移す引き金になるのではないかと危惧する人は少なくありませんが，高橋（2008）は，長年自殺予防教育に取り組んできた欧米の経験からもそのような事実は確認されておらず，大人の不安の反映であると述べています。

そもそも，子どもは「寝ている」どころかすでに「大きく目を開けている」状態，すなわちさまざまなところですでに自殺に関する多くの情報に

曝されている（文部科学省，2014）というのが専門家の間の共通認識です。そしてその多くが，いわゆる神話と言われる誤った言説であると言われています。例えば，「自殺するという人は実際に自殺することは非常に少ない」，「自殺の危険の高い人は本当に死ぬ気なのだから，それを止める方法はない」，「だれかが本当に自殺したいと思っているなら，他人にそれを止める権利はない」（高橋，2008）などと言った言説は，広く世間に流布しています。また，学校で話題にしなくても，新聞やニュース，インターネットを通して有名人や同世代の子どもの自殺の事実とそれにまつわる多くの必ずしも正確ではない情報に曝されています。

したがって，学校で子どもを直接対象として，自殺やそれにいたる危機について，および自他の心の危機への正しい知識・情報と対処方法を提供する自殺予防教育は，子どもをこのような適切でない情報から守る意味を持っています。

参考文献

伊藤公雄（2008）「男」の病―男性性と健康．In：北九州市立男女共同参画センター“ムーブ”編：ジェンダー白書６　女性と健康．明石書店，pp.140-151.

Joiner, T.（2005）*Why People Die by Suicide.* Harvard University Press.

勝又陽太郎（2015）若年者の危機と保護的要因―心理学の立場からみた理論的検討．科学的根拠に基づく自殺予防総合対策推進コンソーシアム準備会　若年者の自殺対策のあり方に関するワーキンググループ　若年者の自殺対策のあり方に関する報告書.

Kerr, M, M.（2009）*School Crisis Prevention and Intervention.* Pearson Education.

Klomek, B., Sourander, A., Niemela, S., Kumputainen, K., Piha, J., Tamminen, T., Almqvist, F., & Gould, M. S.（2009）Childhood bullying behaviors as a risk for suicide attempts and completed suicides: A population-based birth cohort study. *Journal of the American Academy of Child & Adolescent Psychiatry*, 48, 254-261.

こども家庭庁（2023）こどもの自殺対策緊急強化プラン．http://www.cfa.go.jp/assets/contents/node/basic_page/field_ref_resources/58d5e45b-0e25-4171-bc0d-4d02537d89c7/b52efd82/20230401_policies_kodomonojisatsutaisaku_03.pdf

国立成育医療研究センター（2022）コロナ禍における思春期のこどもとその保護者のこころの実態報告書．https://www.ncchd.go.jp/center/activity/covid19_kodomo/report/CxCN_repo.pdf

厚生労働省・警察庁（2020-2023）自殺の統計：各年の状況．https://www.mhlw.go.jp/stf/seisakunitsuite/bunya/hukushi_kaigo/seikatsuhogo/jisatsu/jisatsu_year.html

文部科学省（2009）教師が知っておきたい子どもの自殺予防．http://www.mext.go.jp/b_menu/shingi/chousa/shotou/046/gaiyou/1259186.htm

文部科学省（2010）子どもの自殺が起きた時の緊急対応の手引．https://www.mext.go.jp/a_menu/shotou/seitoshidou/__icsFiles/afieldfile/2018/

08/13/1408018_001.pdf

文部科学省（2014a）子供に伝えたい自殺予防―学校における自殺予防教育導入の手引き．https://www.mext.go.jp/component/b_menu/shingi/toushin/__icsFiles/afieldfile/2014/09/10/1351886_02.pdf

文部科学省（2014b）子供の自殺が起きたときの背景調査の指針（改訂版）．https://www.mext.go.jp/component/b_menu/shingi/toushin/__icsFiles/afieldfile/2014/09/10/1351863_02.pdf

文部科学省（2021）令和３年度児童生徒の自殺予防に関する調査研究協力者会議審議のまとめ．http://www.mext.go.jp/content/20210625-mext_jidou01-000016243_001.pdf

阪中順子（2008）生徒向け自殺予防プログラムの教材開発．明治安田こころの健康財団研究助成論文集，44, 82-91.

阪中順子（2014）学校における自殺予防教育プログラムの展開例．In：文部科学省：子供に伝えたい自殺予防．pp.15-25.

高橋祥友編（2008）新訂増補版　青少年のための自殺予防マニュアル．金剛出版．

第２章

# 学校における自殺予防教育の位置づけ

窪田由紀

本章では，学校における自殺予防教育について，既存の理論モデルや枠組みにどのように位置づけられているかを提示します。自殺予防教育の重要性や他の取り組みとの関連を明確に把握しておくことは，学校で自殺予防教育の実施に関する合意形成を行う上で有効です。

## １．学校における自殺予防の三段階

学校における自殺予防は三段階（高橋，1999）で考えることができます。すべての人を対象にした予防活動（Prevention），現在危機的な状況にある人を対象にした危機対応（Intervention），不幸にも自殺が起きてしまった後の事後対応（Postvention）の三段階です。

学校における予防活動としては，すべての児童生徒を対象に教育活動全体を通して健全な成長発達を支援するとともに，自殺予防教育を通して心の危機への気づきを促進し，自分自身や友人の危機に際しての援助希求的態度を育成することなどが挙げられます。危機対応としては，児童生徒の自傷行為への対応や自殺未遂後の関わりなどを含め，リスクが高い児童生徒に対してタイムリーかつ適切に対応することです。事後対応の最大のミッションは，次なる自死を起こさないことです。年齢が低いほど身近な人の自死の影響を受けやすいことからも，周囲の児童生徒への事後の心のケアは欠かせない予防活動ということができます。

自殺予防教育は，文字通り予防段階に位置づけられる自殺予防のための中核的な取り組みです。

## 2．包括的学校危機・予防・準備・回復モデルにおける自殺予防

アメリカの学校危機管理の専門家の一人 Keer（2009）は，学校危機への包括的な取り組みとして，Prevention（予防），Preparation（準備），Response（対応），Recovery（回復）の4段階からなる循環モデルを提起しています。このモデルは，アメリカ教育省発行の種々の冊子の表紙にも示されており，危機をこのように包括的に捉えて対応する考え方が主流化していることがわかります。図2-1はKeer（2009）を基に作図したものです。予防段階の取り組みとしては観察，アンケート，面談などを通した情報収集と予防教育が挙げられ，自殺予防教育は，人間関係作り，社会的スキルの養成，ストレスマネジメント教育など基礎的な対人スキルを高めるプログラムに加えて，いじめ防止，薬物濫用防止などと共に特定の危機を予防・解決するプログラムの一つとして位置づけられます。危機の発生・発覚に備えての準備段階では，教育相談体制や校内危機管理委員会などの対応組織やマニュアル等の整備，危機発生時にそれらが機能できるための研修・訓練，対応段階では危機の発生・発覚直後の対応として児童生徒の心のケアと直後の事実確認，回復（フォローアップ）段階では，亡くなった児童生徒の親しい友人等危機によって大きな影響を受けた構成員の中長期的なケアに加え，予防段階からの取り組みについての評価検証がなされます。いじめ重大事態の第三者委員会の活動はこの段階のものです。

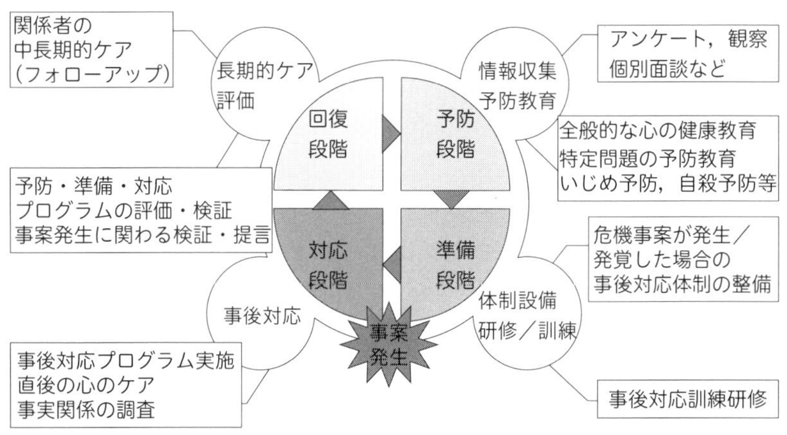


図2-1　学校危機への心の支援——予防・準備から対応・回復に至る一連の過程

再発防止に向けての提言が次の予防段階移行の取り組みに繋がる循環モデルとなっています。

## 3．生徒指導提要と自殺予防教育

2022 年 12 月に 12 年ぶりに改訂された『生徒指導提要』では，生徒指導の時間軸の２軸・課題性の３類・対象の４層から成る重層的支援構造が示されています。自殺予防教育に関しては，全ての児童生徒を対象とする「児童生徒が未来を生き抜く力を身につけるよう働きかける」などの発達支持的生徒指導，「SOS の出し方に関する教育を含む自殺予防教育」が課題未然防止教育として位置づけられています。なお，リスクの高い児童生徒の早期発見と迅速な対応については課題早期発見対応として，自殺未遂者への対応や自殺が起きた後の心のケアなどは困難課題対応的生徒指導として，リアクティブな活動として示されています。同書８章（pp.189-pp.208）に詳細に記載されているのでご参照ください。

## 4．自殺予防教育の全体像

図 2-3 は，文部科学省（2014）を基に自殺予防教育の全体像を示したものです。

児童生徒対象の自殺予防教育は，自分自身や友人の危機に気付き（心の危機への気づき），自分自身が危機に陥った際に援助を求めることや友人の危機に遭遇した場合に信頼できる大人に繋ぐこと（援助希求的態度の育成）をその構成要素としています（高橋，2014）。図 2-3 の核となる授業

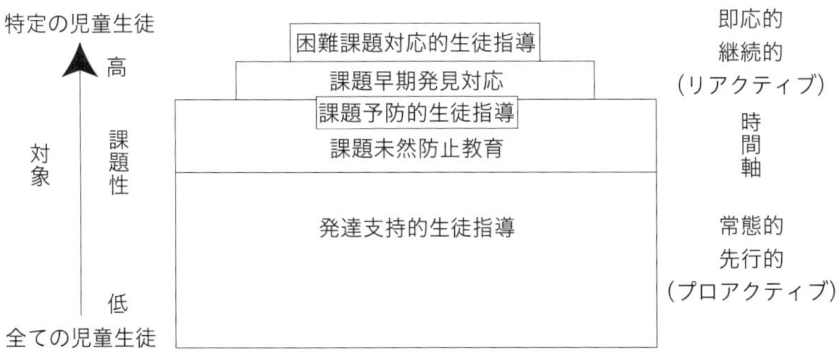


図 2-2　生徒指導の重層的支援構造（文部科学省，2022）

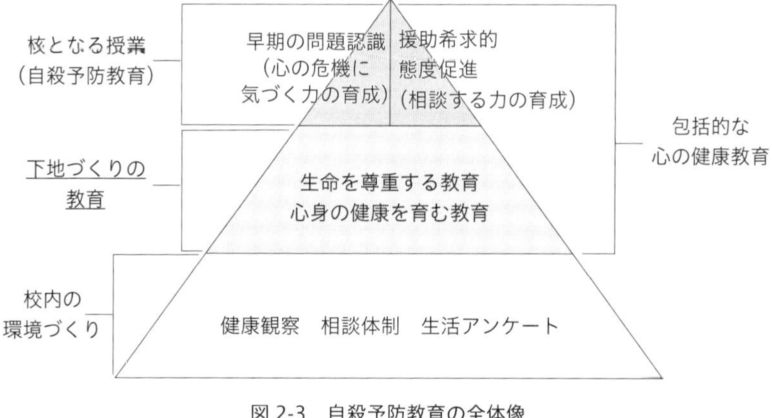


図 2-3　自殺予防教育の全体像

にあたり，生徒指導提要で課題未然防止教育とされている部分です。

これらの内容が意味を持つためには，子どもたちが自他の命の大切さを理解しており，友だち同士や周囲の大人への一定レベルの信頼感を持っていることが前提となります。そのような意味で，文部科学省（2014）においては，核となる授業を実施する前に，子どもの実態に合わせた下地作りとしてさまざまな取り組みを行う必要性を指摘しています。下地作りの教育としては，生命を尊重する教育，心身の健康を育む教育，温かい人間関係を築く教育など，これまで学校現場で取り組まれてきた種々の教育活動が挙げられます。これらの教育活動の延長線上に自殺予防教育を位置づけることで，学校現場は比較的無理なく取り組むことができると思われます。これらは，改正『自殺対策基本法』第17条3項の第1番目と第3番目に掲げられている教育・啓発の内容に該当し，自殺に限らず，いじめ，不登校，暴力行為など生徒の学校不適応の予防にも資するものということもできます。すでに学校現場では，構成的グループ・エンカウンター，ソーシャル・スキル・トレーニング，ストレスマネジメント教育等としてこのような趣旨の教育がなされており，改めて自殺予防の観点から見直すことができると思われます。

さらに，このような教育活動が意味を持つためには，日々の見守り・健康観察や折々に実施される生活アンケートなどを通じて子どもたちの様子に気を配り，些細な変化を見逃さずに迅速に対応できる校内体制の整備や，

すべての子どもたちが安心して過ごせる温かい雰囲気作りがなされていることが前提となっています。

学校は，個々の児童生徒，学級・学年・学校全体の実態に応じて，校内の環境作り，下地作りの教育など，必要があるところから無理なく始めて自殺予防教育に取り組んでいくことが可能です。外部講師に依頼して自殺予防の授業を行う場合も，事前に学校の実態を十分伝え，適切な内容にカスタマイズすることで効果的かつ安全に実施することができます。

参考文献

Kerr, M. M.（2008）*School Crisis Prevention and Intervention.* Pearson Education.

文部科学省（2014）子供に伝えたい自殺予防―学校における自殺予防教育導入の手引. https://www.mext.go.jp/component/b_menu/shingi/toushin/__icsFiles/afieldfile/2014/09/10/1351886_02.pdf

文部科学省（2022）生徒指導提要改訂版. https://www.mext.go.jp/content/20230220-mxt_jidou01-000024699-201-1.pdf

高橋祥友編（1999）青少年のための自殺予防マニュアル．金剛出版.

高橋祥友（2014）子供の自殺予防に向けた取組に関する検討会の経緯と子供を直接対象とした自殺予防教育を実施する上での前提条件．In：文部科学省：子供に伝えたい自殺予防．pp.6-9.

コラム１

# 子どもから「死にたい」と打ち明けられたら

『教師が知っておきたい子どもの自殺予防』（文部科学省，2009）には，子どもから「死にたい」と訴えられたり，自殺の危険が高まった子どもに出会ったりした場合の対応について，TALK の原則が紹介されています。TALK の原則はカナダで自殺予防活動に取り組むグループが提唱したもの（高橋，2010）で，Tell, Ask, Listen, Keep safe の頭文字をとったものです。

１．Tell：言葉に出して「あなたのことを心配している」ことを伝えます

２．Ask：「死にたい」と思っているかについて率直に尋ねます

多くの人が，子どもに対して「死」を語ることに不安を感じていますが，「自殺や死について話すことが自殺を引き起こすことはない」というのが，自殺予防に関する専門家の共通認識です。援助者が「死」や「自殺」に触れることは，「死」や「自殺」について「話してもいい」という安心感・信頼感に繋がり，信頼関係構築や援助希求能力の向上に繋がると言われています。入口としては，「『消えたい，自分なんかどうなってもいい』という気持ちがあるのではない？」という尋ね方がスムーズかもしれません。

３．Listen：死にたくなるほどの絶望的な気持ちを傾聴し，受け止めます

何よりもまず，絶望的な気持ちを傾聴し，受け止めます。死を考えるほど深刻な問題を抱えた子どもに対しては，子どもの考えや行動を良し悪しで判断するのではなく，そうならざるを得なかった，それしか思いつかなかった状況を理解することが必要です。そうすることで子どもとの信頼関係も強まります。徹底的に聴き役に回るならば，自殺について語ることは危険ではなく，むしろ予防の第一歩となります。これまでに家族や友達と信頼関係を築けなかった経験があるために，容易に心を許せず，助けを求め

たいのに救いの手を避けようとしたり拒否したりと，矛盾した態度や感情を表す子どももいます。不信感が根底にあることが多いので，そういった言動に振り回されて一喜一憂することがないようにすることも大切です。

また，大人が「自分にもそんな時があったが……」等，自分の人生経験を語り，自らの経験から得た考えを子どもたちに押し付けることのないように注意してください。それぞれの人生上の経験は，あくまで個別のものです。大人が自分の経験を語りすぎてしまうと，子どもたちはかえって，自分の悩み，苦しい思いを打ち明けにくくなります。

### 4．Keep safe：一人にせず安全を確保します

危険だと判断したら，まず一人にしないで寄り添い，他からも適切な援助を求められるようにします。日頃からこのような場合にどのように教職員間で情報共有し対応するか話し合っておくことが大切です。保護者への伝え方については，コラム２にも示しています。

### 5．専門機関への相談

本人や保護者と相談の上，必要に応じてSCや専門の相談機関，医療機関などに繋ぎます。

ただ，このように声をかけても，直ちに「実は～」と話してくれることは稀だと思われます。「別に」とか「大丈夫です」という返答があることが多いのではないでしょうか。しかし，自分のことを気にかけてもらえた，「死にたい」「消えたい」ことがあるのではないかことがあるのではないかといった踏み込んだ声掛けをしてもらえたことは，辛い気持ちについて話して良いのだというメッセージとして大きな意味を持っています。

（窪田由紀）

参考文献

高橋祥友（2010）自殺予防の基礎知識．大学と学生，85, 22-29.

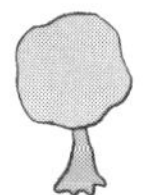



コラム２

# 「誰にも言わないで」と訴える子どもが恐れているのは

「誰にも言わないで」と訴える子どもが最も恐れているのは, 自分の秘密が知られることではなく，それを知った周りの反応です。

子どもは，大人の過剰な反応にも，逆に何事もなかったかのような態度にも，どちらにも深く傷つきます。保護者は，わが子が死を考えていたという事実に直面して動揺のあまり，過剰に反応して激しく叱責したり，逆に軽く扱ってしまうようなことになりがちです。子どもから「死んでしまいたい」ほど苦しんでいる気持ちを聴いたスクールカウンセラー（SC）や教職員は，その気持ちを十分受け止めた上で，保護者へ伝えることについて，子どもに理解を求めます。SC や教職員が同席して，保護者にわかってもらえるようにともに話をすることを伝えると，子どもも安心します。

保護者に対しては，感情的になったり無視したりすることなく，死んでしまいたいと思うほど追いつめられた子どもの気持ちに寄り添ってほしいと伝えるとともに，学校は保護者自身の不安にも目を向け，SC や外部の専門家に相談しながら適切に対応することが重要です。

学校では，守秘義務を大切にしながらも，このような場合にどのように対応するか，平常時から体制を整えておくことが求められます。

（窪田由紀）

コラム３

# 下地づくりの教育としての<br>北九州市対人スキルアップ・プログラム

## １．始まりの経緯

2006 年に北九州市内のある小学校で，児童生徒のトラブルを契機に学校全体を揺るがす危機的な状況が生じました。直後には臨床心理士チームが緊急支援に入り，教育委員会とともに学校の危機対応を支援し，児童生徒の心のケアに努めました。その経過を振り返る中で，再発防止に向けた種々の取り組みの一つとして児童の心を育てる予防教育の必要性が明らかになってきました。2007 年から「対人スキルアップ・プログラム」として，学校と臨床心理士チームの連携・協働による「児童の自尊心を高め社会的スキルの獲得をめざすプログラム」の開発・実施が開始されました。

## ２．プログラムの概要と効果

プログラムは図 3-1 に示したように，対人スキルの階層に即して，ソーシャルサポート認知による自尊心の向上，衝動コントロール，対人スキルの育成を積み重ねる年間８，９回のプログラムを発達段階に応じて繰り返し実施するもので，徐々に学級担任主導の形に発展し学校全体で継続されていったことで，生活場面への般化が進みました。

教職員評価で児童の社会的スキルの向上が見られたほか（窪田ら, 2011）ほか, 当該小学校で４年間にわたってプログラムを体験した子どもたちは, 中学１年次の終わり，２年次の終わりの時点で他の小学校から進学してプログラムを体験していない子どもたちに比べて，自尊心やストレスマネジメント自己効力感が有意に高く，多くの子どもたちが学んだスキルを活用していると答えていました（荒木，2013）。

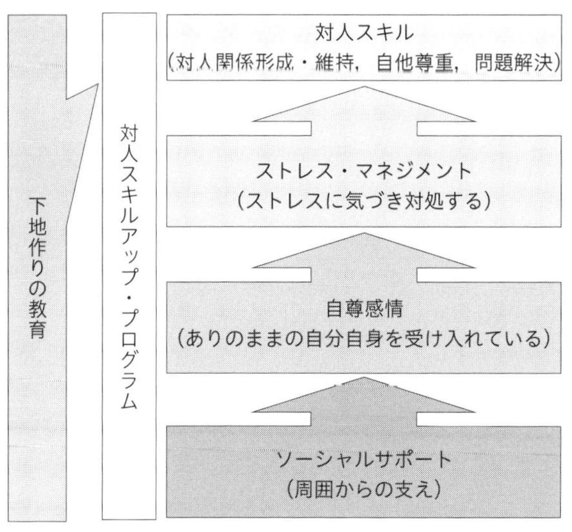


図 3-1　対人スキルアップ・プログラム

## ３．対人スキルアップ・プログラムの市全体への広がり

一方，2006 年には小学校で児童の自殺が起こりました。小学生の自殺に遭遇し，学校・地域は大変な混乱に陥りました。この時も臨床心理士チームは事後対応に関わりました。この事案については，背景をめぐって長い時間をかけてさまざまな立場からの検討がなされることになりましたが，2010 年になって今後の対応策の一つとして「子どもとの温かい人間関係と信頼に基づく教育の実現」を目指す方針が教育委員会から全学校に対して打ちだされ，具体的には全小学校（2010 年度），全中学校（2011 年度）で「SC を講師に対人スキルアップ・プログラムについての校内研修を行う」ことが提示されました。

その後，いくつかの学校でのモデル実施を経て，2015 年度からは市内全小中学校で対人スキルアップ・プログラムに取り組んで行く方向性が示されています。

## ４．下地づくりの教育としての対人スキルアップ・プログラム

文部科学省（2014）においては，自殺予防教育の全体像において，心の危機への気づきと援助希求的態度の促進に関する核となる授業を行う前提

として，下地作りの教育の重要性が記載され，生命を尊重する教育，心身の健康を育む教育，温かい人間関係を築く教育が挙げられています。本プログラムは，下地づくりの教育に該当します。

（窪田由紀）

参考文献

荒木史代（2013）一般型の予防的支援—心理教育「対人スキルアップ・プログラム」の実践から．子どもの心と学校臨床，８（窪田由紀編：特集　子どもと思春期の暴力：その現実と対応），71-80.

窪田由紀・荒木史代・橋本翼・山下聖・近藤進・樋渡孝徳・加地佐加枝・梅原永実・田口寛子（2011）小学校での４年間にわたる心理教育の導入・実践・定着過程の検証．日本心理臨床学会第 30 回大会発表論文集，117.

文部科学省（2014）子供に伝えたい自殺予防—学校における自殺予防教育導入の手引き．http://www.mext.go.jp/b_menu/shingi/chousa/shotou/063_5/gaiyou/1351873.htm

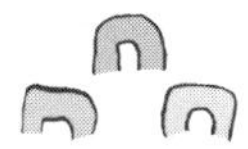

第３章

# 学校を拠点とする自殺予防教育の意義

窪田由紀

子どもを直接対象とする自殺予防教育の必要性・重要性には異論がなく，本書でも第１章に述べた通りです。しかしながら，学校を拠点に自殺予防教育を行うことは，多くの課題を抱える学校現場にさらなる負担を強いることになるのではという危惧があるのも事実でしょう。

本章では，改めて学校を拠点に行うことの意義について，いくつかの視点から確認したいと思います。

## １．すべての児童生徒にメッセージを届けることができる場所としての学校

第１章で述べたように，自殺予防教育は子どもを直接対象として，１）生涯にわたるメンタルヘルスの基礎作り，２）友人の危機に適切に対処できる「ゲートキーパー」の養成，３）自殺に関する誤った情報や言説からの子どもたちの保護をねらいとしています。また，第２章で述べたように，自殺予防教育は，すべての児童生徒を対象とする発達支持的生徒指導，課題予防的生徒指導に位置づけられています。

すべての児童生徒に等しくメッセージを届けようとするとき，学校に勝る場所はありません。学校は，日本全国津々浦々を小学校区・中学校区として網羅しており，すべての子どもたちはいずれかの校区に所属しており[注1]，そ

注１）2022年の文部科学省の学校基本調査によれば，小学生の98.0%，中学生の91.4%が公立学校に在籍している。なお，文部科学省の通知は，私立学校，公立学校にも発せられている。

の生活のかなりの部分を学校で過ごしています。今日，学校教育は，社会で求められている知識や技能を教え，文化を伝達することで国の生産力を向上し，社会的な団結を維持するという経済的・社会的機能に加えて，成長途上にある一人ひとりの子どもの学習面，心理・社会面，進路面，健康面における成長を支援するという成長支援機能（石隈，1999）を持っています。学校には，子どもの心身の成長発達の様相とその支援に関する一定以上の知識とスキルを持つ存在であり，家族に次いで子どもの身近な大切な大人である教員がいます。そのような意味からも，学校を拠点に自殺予防教育を行うことは現実的・合理的であることがわかります。

## ２．教育活動のあらゆる場面での自殺予防教育の可能性

### （１）自殺予防教育の構成要素と学校教育

高橋（2014）は，子どもを直接対象とした自殺予防教育の目標として，「早期の問題認識（心の健康）」「援助希求的態度の育成」を挙げています。さらに阪中（2014）は，このような目標を達成するために，自殺の深刻な実態を知る，こころの危機のサインを理解する，こころの危機に陥った自分自身や友人へのかかわり方を学ぶ，地域の援助機関を知るという内容から構成される授業プログラムを提示しています。中でも，「人生において，問題を抱えたり危機に陥ったりした際に問題を一人で背負いこまずに乗り越える力を培うこと」，「自分自身や友だちの危機に気づき，対処したり関わったりし，信頼できる大人につなぐことの重要性を伝えること」を重視したプログラムとなっています。

『子供に伝えたい自殺予防』（文部科学省，2014）の中で阪中が提示しているこのプログラムは，２時間で実施できるよう組み立てられていますが，これは，阪中（2008）が学級担任が授業者となることを想定し，学年会等での十分な準備の上開発した包括的生徒向け自殺予防プログラムの中核「大切ないのちを守るために」の一部分であり，その前後に「生と死に関する基礎学習（６時間）」，「今を生きる（２時間）」として，自死遺族の話を聞くことを含むまとめの時間が，総合的学習の時間等を用いて展開されています。

このように自殺予防に特化した授業を，総合的学習の時間などを用いて体系的に実施することによって，先に挙げた自殺の実態，こころの危機のサイン，こころの危機に陥った際の自分や友人への対処法，地域の援助機

関について，子どもたちの理解を十分に深めることができます。しかしながら，これらの自殺予防教育の構成要素は，このような自殺予防教育に特化した特設の授業の中のみならず，教科教育や特別活動，総合的学習の時間や部活動など，教育課程内外のさまざまな教育活動を通して少しずつ伝えていくことも可能です。このように教育活動のあらゆる場面で自殺予防に繋がる内容を伝えていくことは，自殺予防に特化した特設の授業時間の確保が難しいという消極的な意味からではなく，このような授業で学んだことを子どもたちが現在のみならず将来にわたって深め・活用していくためにも重要であり，より積極的な意味を持っています。

### （２）教科教育の中で

#### ①保健体育における心の健康の取り扱い

平成 29（2017）年，平成 30（2018）年に改訂・告示された最新の保健体育の『学習指導要領』において，心の健康に関する内容は表 3-1 のように取り扱われています。

小学校，中学校の内容は前回のものと大きく変わりませんが，高等学校の学習指導要領については，大きな変更がなされています。2009 年に告示された改訂前のものでは，精神の健康について「精神の健康を保持増進するには，欲求やストレスに適切に対処するとともに，自己実現を図るよう努力していくことが重要であること」とされていたのに対して，今回の学習指導要領では，精神疾患の予防と回復という項目が新たに設けられ，「精神疾患の予防と回復には，運動，食事，休養および睡眠の調和のとれた生活を実践するとともに，心身の不調に気付くことが重要であること。また，疾病の早期発見および社会的な対策が必要であること」とされています。精神の健康の保持増進について，本人に努力を求めることに重点をおかれているものから，疾病としての理解や社会的対策を求めるものに変化してます。精神疾患がとりあげられるのは約 40 年ぶりであり，具体的には高校１年生の生徒は保健体育の授業において４時間程度，精神疾患の特徴と精神疾患への対処について学ぶことになっており，「うつ病，統合失調症，不安症，摂食障害の４疾患については具体名を挙げて理解されるよう指導すること」とされています。女子高校生，女子中学生の自死の背景にうつ病やその他精神疾患が上位を占めることから，学校教育の中で精神疾患についての学習が保障されたことの意味は非常に大きいと思います。

表 3-1　学習指導要領における心の健康

| | 心の発達<br>不安や悩みへの対処 | 現代社会と健康<br>健康と疾病の予防 |
|---|---|---|
| 小学校 | ア　心の発達及び不安や悩みへの対処について理解するとともに，簡単な対処をすること<br>（ア）心の発達<br>（イ）心と体との密接な関係<br>（ウ）不安や悩みなどへの対処の知識及び技能 | |
| 中学校 | ア　心身の機能の発達と心の健康について理解を深めるとともに，ストレスへの対処をすること<br>（ア）身体機能の発達と個人差<br>（イ）生殖に関わる機能の成熟と適切な行動<br>（ウ）精神機能の発達と自己形成<br>（エ）欲求やストレスの心身への影響と欲求やストレスの対処の知識および技能 | ア　健康な生活と疾病の予防について理解を深めること<br>（エ）喫煙，飲酒，薬物乱用と健康<br>・心身にさまざまな影響<br>・健康を損なう原因<br>・個人の心理状態や人間関係，社会環境が影響 |
| 高等学校 | | ア　現代社会と健康について理解を深めること<br>（エ）喫煙，飲酒，薬物乱用と健康<br>（オ）精神疾患の予防と回復<br>・運動，食事，休養及び睡眠の調和のとれた生活<br>・疾病の早期発見及び社会的な対策<br>・個人や社会環境への対策 |

学習指導要領（文部科学省，2018）から作表

学習指導要領に基づき，保健の授業においては，小学校高学年から中学校，高等学校を通して発達段階に応じた形で「心の健康」が単元として取り上げられ，自殺予防教育との関連で言えば，「ストレスと対処」の項で自分自身の心身の状態，置かれた環境に目を向け，具体的に対処法を考えさせる授業展開が可能となっています。対処方法として信頼できる人への相談はいずれにおいても強調されて記載されており，保健の授業を基盤に自殺予防教育を展開する可能性が十分あることが窺えます。

②他の関連教科において

自殺の問題は，保健の中で心の健康との関連で取り扱うほかに，現代の

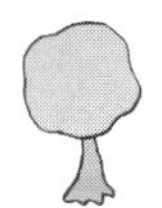



社会事象の一つとして取り上げることができます。中学校社会科の公民的分野や高校の公民科の学習目標として，「現代の社会的事象に対する関心を高め（中学校)」，「現代の社会について主体的考察させ理解を深めさせる（高校)」などと掲げられていることからも，これらの授業のなかで現代の社会問題の一つとして自殺を取り上げ，その背景について幅広く考察させることは十分その目標に沿っていると考えられます。また，高校公民科の倫理においては，「青年期の課題と人間としてのあり方」が掲げられており，哲学的な視点から生と死について考えさせる授業展開が想定されており，ここでも自殺の問題を無理なく取り扱うことができます。

津川・影山（2005）は，1993年～2004年までの中学（公民，保健体育)，高校（現代社会，倫理，保健体育）の検定教科書における自殺の記載について検討しています。中学公民ではトピックス，囲み記事として自殺を取り上げたものが４点ある一方で，保健では死因に関する図表中の数値としての取り扱いが３点となっています。高校では，倫理で生命の尊さとの関連での取り扱いが２点，現代社会で労働問題との関連での取り扱いが４点，科学技術の発展と生命に関する話題の一つとしての取り扱いが１点のほか，保健体育では中学同様死因に関する図表中の数値との取り扱いが10点，他に薬物乱用との関係で３カ所，思春期の精神保健との関連での取り扱いが１カ所見られたとされています。

また，高校の家庭科（家庭基礎）においても，保育，高齢者家族や経済とのかかわりの中で取り扱うことでできることが指摘されています（高校生等の自殺予防対策に関する委員会，2014)。

このように，ここに掲げた保健体育，公民，倫理，現代社会，家庭科においては直接的に自殺の問題を取り上げることは可能であり，また，他にも文学作品や歴史上の人物に関する学習との関連で自殺について考える機会を持つこともできると思われます。

これまでみてきたように，学校は自殺予防に関連した授業として学習を広げたり深めたりする機会が数多くあり，教職員の認識次第で非常に効果的に自殺予防教育を進めていくことができる場だということが言えます。

## ３．地域コミュニティの拠点としての学校

### （1）地域コミュニティの拠点としての学校

学校は，当該校に通う児童生徒を対象とした種々の役割を担っているこ

とは当然ですが，それに加えて，地域コミュニティの拠点としての機能も持っています。例えば，地域住民の種々の学習活動や交流の場となっている地域公民館は社会教育の拠点ですが，小学校区・中学校区単位で設置されている場合がほとんどです。また，社会福祉協議会は「住民主体の理念に基づき，地域の福祉課題の解決に取り組み，誰もが安心して暮らすことのできる地域福祉の実現」をめざす（『新・社会福祉協議会基本要項』）組織ですが，その最小単位としての校区社会福祉協議会が，小学校区単位で設置されています。校区社会福祉協議会は，地域の自治協議会，民生委員・児童委員，PTA，子ども会育成会など，さまざまな団体から構成され，支援を必要とする高齢者や障がい者，子育て家庭などを対象とするふれあい事業，世代間交流事業，子育てサロン・サークルへの支援，ボランティア活動のマネジメント，福祉研修会の開催など，まさに地域で暮らすあらゆる住民の福祉の向上に寄与する活動がなされています。

加えて，災害発生時の一次避難所としては，小中学校の体育館が指定されていることが多いのもご承知の通りです。校区社会福祉協議会のさまざまな行事，例えば運動会，餅つき大会，どんど焼きなどは，通常学校を会場として実施されます。

このように，学校は学齢期の子どもやその家族に限らず，その地域に暮らす赤ん坊からお年寄りまでの全ての人にとって，心理的にも物理的にも地域コミュニティの拠点としての機能を持っています。

したがって，人々に万遍なくメッセージを届けようとするとき，学校（校区）を単位にした活動は有効です。また，自殺の対人関係理論（Joiner, 2005）において，自殺念慮に繋がる要因として所属感の減弱と負担感の知覚（自分が人に迷惑かけているという自覚）が挙げられていることからも，地域で暮らすさまざまな人々が種々の機会を通じて交流を深め，それぞれの力を可能な形で生かして支え合う地域コミュニティの創成は，自殺予防の取り組みそのものでもあり，その最小単位は小学校区であるのです。

### （2）学校から地域コミュニティへ

児童生徒を対象にした自殺予防教育においては，生涯を通じたメンタルヘルスの基礎作りとして，自分自身が危機に陥った際の対処法のひとつ「他者に援助を求めること」の重要性と共に，友人の危機に遭遇した場合には「一人で抱えず信頼できる大人に繋ぐこと」を大切なメッセージとして伝え

ようとしています（詳細は本書第２部第７章をご覧ください）。このようなメッセージが意味を持つには，並行して教職員，保護者をはじめとした子どもたちを取り巻く身近な大人が，子どもたちの危機にしっかりと向き合いSOSを受け止めることができる体制が準備される必要があります。そのために学校は，児童生徒対象の自殺予防教育実施に際して，保護者や地域に対して授業のねらいや内容を伝え，理解を求めることが望まれますが，このことは結果として地域コミュニティを構成する大人に対しても自身の危機に際して援助を求めることの重要性を伝えることにもなり得ます。

このような意味で，地域コミュニティの拠点である学校において自殺予防教育を進めることは，現在の児童生徒の自殺予防に留まらず，生涯にわたる，また地域全体の幅広い心の健康の維持や増進にもなる点で，有意義なアプローチになると考えられます。

参考文献


石隈利紀（1999）学校心理学―教師・スクールカウンセラー・保護者のチームによる心理教育的援助サービス．誠信書房．

Joiner, T.（2005）*Why People Die by Suicide.* Harvard University Press.

文部科学省（2014）子供に伝えたい自殺予防―学校における自殺予防教育導入の手引き．https://www.mext.go.jp/component/b_menu/shingi/toushin/__icsFiles/afieldfile/2014/09/10/1351886_02.pdf

文部科学省（2018）高等学校学習指導要領（平成30年告示）解説　保健体育編　体育編．

阪中順子（2008）生徒向け自殺予防プログラムの教材開発．明治安田こころの健康財団研究助成論文集，44, 82-91.

阪中順子（2014）学校における自殺予防教育プログラムの展開例．

高橋祥友（2014）児童生徒の自殺予防に向けた取組に関する検討会の経緯と子どもを直接対象とした自殺予防教育を実施するうえでの前提条件．In：文部科学省：子供に伝えたい自殺予防．pp.6-9.

津川律子・影山隆之（2005）日本の中学校・高等学校の検定教科書における自殺関連記述の検討―学校教育場面における自殺予防教育の今後の課題を探るために．こころの健康，20(2), 88-96.

第４章

# 児童生徒を対象とした自殺予防教育の展開

## 国内外の実践・研究から

秋田寛子

欧米では，早くから自殺予防をメンタルヘルス教育の中の一つとして位置づけ，児童生徒を対象としたさまざまなプログラムが開発・実施され，効果検証が行われています。我が国では，1990 年頃から一部の関心のある学校関係者による試行が始まり，2006 年『自殺対策基本法』の制定以降，法改正や自殺対策大綱の見直しから，近年日本各地でも自殺予防教育プログラムの作成や実施，効果検証が行われています。本章では，国内外の学校における児童生徒を対象とした自殺予防教育について概観します。

### １．欧米での自殺予防教育プログラムのタイプとその効果

Kats（2013）は，18 歳までを対象とした学校における自殺予防教育プログラムを概観し，プログラムを，（1）気づき／教育（自殺やうつ病，心の危機への気づきを促すもの），（2）スクリーニング（ハイリスクの児童生徒のスクリーニングをねらいとするもの），（3）ゲートキーパー訓練（教師などの児童生徒の身近な大人が児童生徒の危機に気づいて適切に対処できるゲートキーパーとして訓練するもの），（4）ピア・リーダーシップ（児童生徒が自殺予防において互いの危機に気づき支援する役割が取れるようにするもの），（5）スキルトレーニング（危機に対処できるよう種々のスキルを訓練するもの）の５つのタイプに分類し，それぞれのプログラムの効果について検討しています（表 4-1）。

表 4-1　各タイプの自殺予防教育プログラムの概要と効果

| プログラムのタイプとねらい | プログラム名 | 概要 | 効果 |
|---|---|---|---|
| I　気づき／教育<br>自殺やうつ病への知識や対処法の獲得 | SOS<br>(Signs of Suicide prevention program) | ・自殺・精神疾患についての情報提供<br>・ビデオとクラスでの討議を通して他者を通して他者の SOS に気づき，進行に受け止め，仲間をケアすることや大人に伝える必要性を伝える | 5 つの高校 9 ～ 12 年生，2,100 名を 1 学期または 2 学期間にランダム実施<br>3 カ月後のフォローフォローアップ：自殺の知識が向上，セルフレポートにおいて自殺企図が減少<br>追試研究においても同様の結果が得られている |
| II　スクリーニング<br>ハイリスク生徒のスクリーニング | Teen Screen | 生徒にセルフポートツールの Teens Screen と Beck Deppresion 尺度を実施 | リスクの高い生徒を確認するうえでの妥当性と信頼性を証明<br>かなりの割合でコミュニティサービスにつながる |
| III　ゲートキーパー<br>教職員など生徒の身近な大人のゲートキーパー訓練 | QPR<br>(Question Persuade Refer) | ・自殺のサインの認識<br>・全学校職員の訓練<br>・ハイリスクの生徒を適切にアセスメントするためのトレーニング<br>・専門的なアセスメントや治療につながるための組織化 | 教職員が構造化されたゲートキーパートレーニングに参加<br>一般的な意識，スキルの習得，態度に効果が見られた |
| IV　ピア・リーダーシップ<br>友人の危機への適切な対処 | Sources of strength | 自殺のサインや対処方法について生徒を対象に教育 | 訓練に参加した生徒：自殺に関する適応的規範（自殺願望のある友人への適切な対処）が，統制群の 4 倍 |

### （1）気づき／教育

このタイプのプログラムは，自分自身や他者の自殺のサインや兆候に気づき，友人への自己開示を促すよう構成されています。SOS（Signs of Suicide Prevention Program）は，自殺や精神疾患に関する情報提供を行い，ビデオ鑑賞とクラスでのディスカッションを通して，他者の SOS に気付き，深刻に受け止め仲間をケアすることや大人に伝えることを学びます。

表 4-1　各タイプの自殺予防教育プログラムの概要と効果（つづき）

| プログラムのタイプとねらい | プログラム名 | 概要 | 効果 |
|---|---|---|---|
| V　スキルトレーニング<br>一般的なライフスタイルの向上 | AILSD<br>(American Indian Life Skills Development) | 一般的なライフスキルトレーニング | 介入群は統制群に比べて，問題解決スキルや自殺への介入スキルが向上していた |
| | CARE<br>(Care, Assess, Respond, Empower)<br>CAST<br>(Coping and support Training) | CARE：自殺のリスクアセスメントのインタビュー<br>CAST：リスクの高い生徒を小グループ単位でライフスキル学習やソーシャルサポート向上を目指す | 一般的スキルは向上。自殺行動やうつ，怒りを減少させ，親への介入プログラムである P-CARE も実施すると，ポジティブな行動が増え，ネガティブな行動が減少 |
| | RY（Reconnecting Youth） | ・レジリエンスの構築<br>・薬物乱用や精神的苦痛の早期サインをコントロールする | 学力が低い生徒やドロップアウトするリスクのある生徒を対象<br>このプログラムは，自殺のリスクファクターとなる怒りやうつ，絶望を減らし，自尊感情やソーシャルサポートを増加 |
| | GBG<br>(The Good Behavior Game) | 小学校低学年の児童を対象<br>学級単位でチームワークを高め，怒りや攻撃行動のコントロールを行う | 15 年以上で 1918 人（83%）にフォローアップインタビュー<br>自殺念慮や自殺企図について，介入群は統制群と比べて有意に少ない |

ハイリスクの生徒については，助けを求めるよう励まされます。Aseltine と DeMartino（2004），Aseltine ら（2007）の調査では，SOS を高校生対象に実施したところ，自殺に対する態度や知識の向上とセルフレポートにおいて自殺企図の減少がみられています。

### （2）スクリーニング

このタイプのプログラムでは，うつや薬物･アルコールの乱用，過去の自殺行動といったリスク要因をスクリーニングし，ハイリスクの児童生徒を明らかにします。セルフレポートのツールとして，Teen Screen とベック抑うつ質

問票（Beck Depression Inventory）注1）を実施し，Teen Screen注2）はハイリスクの生徒を確認する上での妥当性と信頼性が証明されています（Shaffer *et al*., 2004; Scott *et al*., 2009）。スクリーニングをすることで，ハイリスクの生徒がかなりの割合でコミュニティサービスにつながり（Husky *et al*., 2011），自殺予防ツールとして自殺の態度や知識の向上が見られました。

### （３）ゲートキーパートレーニング

教師などの児童生徒の身近な大人が，児童生徒の危機に気づき適切に対処できるようになることを目指すゲートキーパートレーニングです。教師を対象にQPR（Question Persuade Refer, 2011）を用いてトレーニングが行われています。プログラムの概要は，①自殺のサインの認識，②全教職員を対象にしたトレーニング，③ハイリスクの生徒を適切にアセスメントするためのスクールカウンセラーのトレーニング，④専門的なアセスメントや治療につながるよう組織化すること，からなっています。トレーニングを受けた教職員は，自殺に関する知識，スキル，態度に効果が見られました。（Wyman *et al*., 2008; Tompkins *et al*., 2009）。

### （４）ピア・リーダーシップ

Wyman（2010）は，Sources of Strengthプログラムを用いて自殺のサインや対処方法について生徒を対象にトレーニングを行ったところ，トレーニングに参加した生徒は，自殺願望のある友人に対して適応的な行動規範（秘密にして欲しいという要望がある友人を大人に繋ぐ）を示しており，自殺に対する知識の増加と態度の向上，ゲートキーパーとしての行動の獲得に効果がありました。

### （５）スキルトレーニング

#### ① AILSD（American Indian Life Skills Development）

このプログラムは，一般的なライフスキル・トレーニングを通して自殺の危険因子を減らすよう構成されています。プログラムを体験した生徒は，問題解決スキルや友人の自殺の危険への介入のスキルを習得していま

---

注１）自記式抑うつ評価尺度。抑うつ症状の重症度を短時間で評価することができる
注２）青少年のための精神疾患や自殺のリスクの自記式のメンタルヘルス・スクリーニング

した。このように，このプログラムは，自殺の危険因子を減らし，保護因子を増やす可能性があります（LaFromboise & Howard-Pitney, 1995）。

② CARE（Care, Assess, Respond, Empower）／CAST（Coping and Support Training）

CARE は，自殺のリスク・アセスメントとカウンセリングを通してハイリスクの若者を確認するプログラムで，フォローアップセッションや自殺の危険因子と保護因子の再評価も含まれています（SAMHSA. NREPP, 2011）[注3]。ここでリスクが高いとされた者が CAST というプログラムに参加し，小グループ単位でのライフスキル学習を行い，ソーシャルサポート向上を目指します（Ranbell *et al.*, 2001; Thompson *et al.*, 2001; Eggert *et al.*, 2002）。また Hooven ら（2010）は，長期的な調査の中で CARE に加えて P-CARE という保護者への介入プログラムも一部の保護者に行っています。

CARE は自殺行動やうつ，怒りを減少させました。P-CARE は CARE プログラムと一緒に実施すると若者にポジティブな行動が増えネガティブな行動が減りましたが，P-CARE だけでは有意な結果は得られませんでした。

③ Reconnecting Youth（RY）

このプログラムは，薬物乱用やうつ，攻撃性，希死念慮を示すことのある学力の低い生徒やドロップアウトするリスクのある生徒をターゲットとして行われています。プログラムでは，レジリエンスの構築や薬物乱用や精神的苦痛の早期サインをコントロールすることを伝え，学校でのつながりを促進するアクティビティや親の関わりを通してソーシャルサポートを提供します（SAMHSA. NREPP, 2011）。Eggert ら（1991, 1994, 1995）の研究からは，自殺の危険因子となる怒りや抑うつ，絶望感の減少と，自尊感情の向上，ソーシャルサポートの増加がみられました。また，Thompson（2002）は，自己コントロールがサポート源とうつや自殺リスク行動の減少の間の媒介となることを示し，RY は自殺への態度や知識に適切な方向への変化をもたらしており，スキルトレーニングとしての効果が示されました。

---

注３）正式名称は SAMHSA's National Registry of Evidence Based Programs and Practices.

④ The Good Behavior Game（GBG）

このプログラムは，自殺の危険因子になるような特徴（怒り，破壊行動，不適応行動）に早期に介入することで自殺死亡率に影響を与えようとしたものです。小学校低学年の児童を対象とし，学級単位でチームワークを高め，怒りや攻撃行動のコントロールを高めるプログラムを実施した結果，15年以上にわたるフォローアップ・インタビューの中で，プログラム実施群は統制群と較べて自殺念慮と自殺企図が有意に少なかったことが明らかになっています（Beautrais *et al*., 1996; Wilcox *et al*., 2008）。

現在，13歳～17歳の若者を対象に世界各地の学校で実施され，エビデンスの確認されているプログラムにYouth Aware of Mental Health（YAM）があります。Wassermanら（2015）はThe Saving and Empowering Young Lives in Europe（SEYLE）研究プロジェクトにおいて，EUの10カ国168校の14歳から16歳の生徒11,110人を対象として調査を行ないました。この調査からYAMは新たに起こる自殺企図と自殺念慮のケースを50％減少させ，うつ病の新規発症が30％減少したことが確認されています。YAMは，３週間の間に，１時間のセッションが５回開催され，スライドやポスター，小冊子教材をもとにロールプレイやディスカッションを行います。内容は多岐に渡り，仲間や大人との関係，気分の変化，悲しい気持ちやストレスフルな状況など，困難な状況に直面した時にどのように感じどう対処するかをグループで話し合います。ピアサポートを大事にし，必要に応じてどこでどのように専門家からサポートを受けることができるのかについての情報も提供しています（YAMのHPより）。Lindowら（2019）は，アメリカ国内の学校でYAMの実践を行い，YAMがアメリカでも実施可能であることを明らかにし，生徒や保護者，学校のスタッフもこのプログラムを支持し満足していることが示唆されました。YAMの研修会およびインストラクターの認定を受けた菅原（2020）によると，日本に導入する上で，認定を受けているインストラクターの数，プログラム内容を日本版として改訂すること，実施にあたって現場での十分な説明と同意を得ることなどの課題を挙げています。

以上のように欧米では，児童生徒対象のさまざまなタイプの自殺予防教育プログラムが開発・実施され，統制群を用いた効果検証も行われています。プログラムを通して，自殺についての知識や態度の変化に関する効果

を示しているものは多く見られ，一部のプログラムでは自殺念慮や自殺企図といった直接的な自殺行動についても効果が確認されていることがわかりました。

## 2．わが国の学校における自殺予防教育に関する実践と研究

### （1）児童生徒対象の自殺予防教育の現況

影山（2005）は，青少年の自殺予防対策のあり方に関する精神保健的研究「平成16年度厚生労働科学研究費補助金（こころの健康科学研究事業）自殺の実態に基づく予防対策の推進に関する研究」の分担研究報告書で，自殺予防プログラムや関連した授業に関するそれまでのわが国の研究のレビューと聞き取り調査を基に，『小中学校の児童生徒を対象とした自殺防止プログラムおよび授業についての日本の現状』をまとめています。それによれば，1980年代初期までは，個別事例への対応や指導（二次予防や三次予防）に比重が置かれていて，児童生徒全体への取り組みへの言及は少なかったようですが，1990年代以降，ポストベンションの取り組みの紹介（福岡県臨床心理士会, 2005）やアメリカのプログラムの影響を受けた教科や総合の時間を使っての展開が散見されるようになりました。加えて，自殺予防教育を健康教育として位置づけることの提起がなされるようになり，教師向けプログラムの試行実施例が見られるようになってきました（阪中，2003）。

2006年自殺対策基本法の制定を受けて，文部科学省は，2009年に『教師が知っておきたい子どもの自殺予防』，2014年には『子供に伝えたい自殺予防――学校における自殺予防教育導入の手引』を作成しています。2016年に自殺対策基本法が改正され，2017年に見直された『自殺総合対策大綱』には，児童生徒の自殺対策として「SOSの出し方に関する教育と推進する」と記されてました。2020年に児童生徒の自殺者数が前年から100名増加したことを受けて，文部科学省の『「児童生徒の自殺予防に関する調査研究協力者会議」の審議のまとめ』（2021）では，「すべての児童生徒を対象とする心の健康の保持増進に係る教育および啓発の推進」が改めて提示されたほか，2022年に見直された自殺総合対策大綱では「子ども・若者の自殺対策のさらなる推進・進化」を今後5年間取り組むべき施策として位置づけられており，現在実践が積み重ねられています。

### （２）日本各地での取り組み

各都道府県の自殺予防教育への取り組みについて概観したところ，①教育委員会や精神保健福祉センターが中心となり指導案を作成し実施（指導案等の参考資料章末参照），②大学が研究の一環としてプログラム作成し実施（山梨県立大学 2009-2012, 秋田大学自殺予防総合研究センターなど），③学校・地域独自で学内外の専門家（スクールカウンセラー・保健師・医師・子ども支援を行う団体など）を講師として実施されているものがありました。また，取り扱われているテーマは「SOS の出し方に関する教育」が多く，それに加え，SOS の受け止め方やメンタルヘルスについて，ストレスや困難な状況への対処，命の大切さなどを取り扱っているところも見られました。形態はさまざまで，全校集会のような形式で講話を聞くものから，クラスでの授業の中でグループワークやロールプレイを行い体験的に実施されているところも多くありました。授業は１回で実施されるものから複数回実施されるものがあり，学校の実態に合わせて取り組まれていました。地域によっては研究指定校事業として検証を行ったり，推進指定校を定め積極的に実施したりしている地域も見られました。

『自殺対策大綱』（2017）に「SOS の出し方に関する教育」の推進が盛り込まれて以降，地域差はあるものの，積極的に取り組む地域が増えてきています。なお，文部科学省（2022）の都道府県政令市教育委員会への調査によれば，最も多いのが「教育委員会として実施を推奨している」の 60.7％，次いで「教育委員会として各学校に実施を義務付けている」27.9％，「教育委員会として独自のプログラム・教材を開発している」26.2％，「学校の裁量の範囲で実施されている」21.3％となっています。

### （３）プログラム開発と効果検証

得丸ら（2005）は，「大切な人を自殺から守るために」というタイトルで教材を開発し，自殺に関する知識の習得と，ストレスコーピング，友人の危機への対応と社会資源の紹介を盛り込んだプログラムを小学生を対象に実施しています。ここでは，自殺をテーマにした授業ということで，実施前に実態把握のアンケートを行なっていました。また，ワークシートを用いたり，体を動かしながら学ぶ場面を作るなど授業展開に配慮がされていました。授業を受けた児童は，自殺のことについて理解を示したり，自殺したいと思った時は家族に相談するといった感想を寄せたりしていまし

た。

阪中（2008）は，心理や教育相談の専門家ではない学級担任が授業担当者となることを想定し，「包括的生徒向け自殺予防プログラム（全10時間）」を開発しました。このプログラムでは，ステップ１において「生と死」に関する基礎学習を６時間，その後ステップ２で「大切ないのちを守るために」というテーマで自殺予防の学習を２時間，ステップ３では，まとめとして「今を生きる」をテーマに，自死遺族の話を聞く時間とまとめの２時間の構成としています。日本で長年学校における自殺予防教育を実践・研究している阪中は，教師が担い手になるために教員研修を充実させ，プログラム実施においてはグループワークを重視しており，学校や学年，クラスの実情に合わせて実施時間数や内容，どの学年でどの時期に行うかなども検討した上で授業を実施しています（阪中，2020）。

清水ら（2009, 2010, 2011）は山梨県立大学地域研究交流センターの『青少年を対象とした自殺予防教育の推進に関する研究』の報告書において，高校における自殺予防教育の実践報告を行なっています。高大連携講義の一環として「家庭看護・福祉」という科目の中で，自殺に関する認識テストの実施，自殺に関する新聞記事の提示，自殺予防について心理的視野狭窄の解説，自殺願望を訴える体験や聞く体験，TALKの原則[注4)]の解説などを行い，高校生にできる自殺予防（質問形式で自分が落ち込んでいる時の対処，友人や家族がいつもと違う時の対応，友人の深刻な悩みへの対応）について考えさせています。生徒の感想からは，自殺に関する正確な知識の習得がされたこと，困った時の対処法について理解したこと，自殺を身近な問題として感じたこと，深刻な悩みを抱えた人を支えたいという思いが綴られていました。また，清水ら（2019）は，2013年より山梨県内の高校生に３年間にわたり自殺予防教育を実践し，「普段の生活に役立つ」かどうかについて着目しました。その結果，自殺予防教育を繰り返すことで肯定的回答率が増加し，「普段の生活に役立つ」と認識され，意識の向上が確認されました。

川野ら（2013）は自殺予防教育プログラムGRIPを開発し，「①自分の感情の整理，②自分の感情の伝達，③対処法の理解・習得，④相談の理解・体験」，を段階的な教育目標として，問題を抱えた生徒が学校内で信頼できる大人に相談でき，それに応答できる体制を準備することを目指しています。GRIPを実施した中学生を対象とした調査では，GRIPの段階的達成目標の達成度「学校における段階的自殺予防教育プログラム達成目標」の信頼性と妥当性を検証し，信頼性と構成概念の妥当性が確認されています（白神ら，2015）。GRIP は５時間の授業で構成されていますが，３時間で実施するショートバージョンも効果が確認されており，特に積極的に授業を受けた場合に効果が見られました（畑中ら, 2018）。原田ら（2019）は，中学生を対象に GRIP のショートバージョンを実施し，分析の結果，プログラムを通じて，自殺の潜在的なハイリスクの生徒も支援を求める能力を獲得できることが示唆されています。

また，田中ら（2022）は，川野らが開発した GRIP を簡略化した「SOS の出し方に関する教育プログラム」を作成し，教職員が実施者として中学生を対象に２コマの講義を実施しました。その結果，授業を受けた特に女子生徒に「援助関係の成立」を目指すプログラムとして直後は効果が見られましたが，１カ月後の効果は見られませんでした。

「SOS の出し方・受け止め方に関する教育」は，近年の実践報告で散見されています。新井ら（2020）は，小学生を対象に SOS の出し方・受け止め方に関する心理教育プログラムを計２回の授業を学級単位で実施し，援助要請スキルや友人に対する援助スキルについて肯定的な効果を確認しています。吉原（2023）は，新潟県教育委員会（2022）が作成した「SOS の出し方に関する授業 Vol.1（高校１年生対象）」を中学生用に修正し，ストレスマネジメント教育の効果と援助希求態度の育成に焦点を当て実施し，一部の生徒においてストレス反応が低減する効果と被援助性を高める効果を明らかにしています。山本ら（2020）は，小学校３年生〜中学校２年生までの児童生徒を対象に，「援助要請の仕方・受け止め方」の心理教育プログラムを作成・実施し，小野寺ら（2021）は，さらにこのプログラムを高校生に実施し，いずれにおいても援助要請の仕方とその受け止め方の自信を向上させる傾向が見られています。

### （４）教員対象の自殺予防に関する調査研究

学校で自殺予防教育を実施していく場合に実施者となることが期待され

---

注４）TALK の原則――自殺の危険が高まった子どもへの対応として以下の４つが挙げられる。Tell：言葉に出して心配していることを伝える。Ask：「死にたい」という気持ちについて，率直に尋ねる。Listen：絶望的な気持ちを傾聴する。Keep Safe：安全を確保する。

る教員対象の調査研究では，教員の意識の実態把握（橋本，2012；清水ら，2014）を行ったものや，教師対象の自殺予防プログラムを開発・試行実施したもの（阪中，2003;遠藤，2003）などがあります。阪中（2015）は，教師対象の自殺予防プログラムを実施することにより，教師がハイリスクな子どもたちと自信を持って関われるようになる点，自殺予防教育の実施に対して不安を軽減させる点に効果があると述べています。また，寺戸ら（2017）は，学校における自殺予防教育をする上で教員の実施動機を向上させる要因を検討し，自殺予防教育に対する「イメージ」が持てないこと，「必要性」は感じられていること，教員自身が授業を実施できるのか，事前事後の対応ができるのかという実施に対する「効力感」，自殺を取り扱うことへの「不安感」が要素として示され，これに関する内容を加味した研修を構成することで教員の実践動機の向上が期待できると述べています。児童生徒対象の自殺予防教育の必要性は十分認識しながらも，学校で自殺を取り扱うことに不安を抱く教員の姿が窺え，不安を変化させるためには，教員が事前に研修を受けことや校内や地域での連携体制が整えられていることが重要です。

近年の自殺予防教育として，援助希求・援助要請といったSOSの出し方教育は，実践報告が増えてきていますが，実施者の意図することが習得できているかの検討にとどまっており，統制群を用いた効果検証や，中長期にわたる効果，自殺企図や自殺念慮に関する効果検証はほとんど行われていません。今後，SOSの出し方教育を含む自殺予防教育の実践の蓄積と効果検証が望まれます。

〈指導案等の参考資料〉

- 北海道教育委員会「自殺予防教育プログラム」https://www.dokyoi.pref.hokkaido.lg.jp/hk/ssa/jisatuyoboukyouiku.html
- 福島県精神保健福祉センター「ストレス対策ガイドブック（高校生）2020　自殺予防教育のための指導者の手引き」https://www.pref.fukushima.lg.jp/sec/21840a/suicideprevention-highschool.html
- 笠間市（茨城県）「自殺予防教育指導マニュアル」https://www.ed.city.kasama.ibaraki.jp/page/page000140.html

・千葉県子どもと親のサポートセンター https://cms2.chiba-c.ed.jp/kosapo/SOS の出し方教育指導資料 /?_layoutmode=on
・東京都教育委員会「『ＳＯＳの出し方に関する教育』を推進するための指導資料について」https://www.kyoiku.metro.tokyo.lg.jp/school/content/sos_sing.html
・新潟県教育委員会「新潟県自殺予防教育プログラム（小中学校編）」https://www.ijimetaisaku.pref.niigata.lg.jp/pdf/ma-8.pdf
・新潟県教育委員会「新潟県自殺予防教育プログラム（高等学校編）」https://www.ijimetaisaku.pref.niigata.lg.jp/pdf/ma-5.pdf
・愛知県教育委員会「中学・高校生への自殺予防教育」https://www.pref.aichi.jp/soshiki/hoken-taiiku/jisatuyobou1.html
・大阪府こころの健康総合センター「『こころの健康について考えよう！』（SOS の 出 し 方 教 育 ）」https://www.pref.osaka.lg.jp/kokoronokenko/kokoronokenko-sos/index.html
・兵庫県心の教育総合センター「自殺予防に生かせる教育プログラム」https://www.hyogo-c.ed.jp/~kokoro/ji-yobo/
・岡山県教育委員会「自殺予防教育学習プログラム及び校内研修資料」https://www.pref.okayama.jp/site/16/594346.html
・宮崎県教育研修センター「ＳＯＳの出し方に関する教育とは」https://mkkc.miyazaki-c.ed.jp/page-3965/

参考文献


新井雅・余川茉祐（2022）小学生に対する援助要請に焦点を当てた心理教育プログラムの効果研究―自殺予防教育への示唆．教育心理学研究，70, 389-403.

Aseltine, R. H. & DeMartino, R.（2004）An outcome evaluation of the SOS Suicide prevention program. *American Journal of Public Health*, 94（3）, 446-451.

Aseltine, R. H., James, A., Schilling, E. A., & Glanovsky, J.（2007）*Evaluating the SOS Suicide Prevention Program: A replication and extension*. BMC Public Health.

Beautrais, A. L., Joyce, P. R., & Mulder, R. T.（1996）Risk factors for serious suicide attempts among youths aged 13 through 24 years. *Journal of the American Academy of Child and Adolescent Psychiatry*, 35（9）, 1174-1182.

Eggert, L. L. & Herting, J. R.（1991）Preventing teenage drug abuse: Exploratory effects of network social support. *Youth and Society*, 22（4）, 482-524.

Eggert, L. L., Thompson, E. A., Herting, J. R., Nicholas, L. J., & Dicker, B. G.（1994）Preventing adolescent drug abuse and high school dropout through an intensive school-based social network development program. *American Journal*

*of Health Promotion*, 8(3), 202-215.

Eggert, L. L., Thompson, E. A., Herting, J. R., & Nicholas, L. J.(1995) Reducing suicide potential among high-risk youth: Tests of a school-based prevention program. *Suicide and Life-Threatening Behavior*, 25(2), 276-296.

Eggert, L. L., Thompson, E. A., Randell, B. P., & Pike, K. C.（2002）Preliminary effects of brief school-based prevention approaches for reducing youth suicide-risk behaviors, depression, and drug involvement. *Journal of Child and Adolescent Psychiatric Nursing*, 15(2), 48-64.

遠藤裕乃（2003）教員を対象とした青少年の自殺予防プログラムに関する予備的研究．兵庫教育大学研究紀要（第１分冊）学校教育・幼年教育・教育臨床・障害児教育，23, 89-96.

福岡県臨床心理士会編，窪田由紀・向笠章子・林幹男・浦田英範著（2005）学校コミュニティへの緊急支援の手引き．金剛出版．

原田知佳・畑中美穂・川野健治・勝又陽太郎・川島大輔・壮島幸子・白神敬介・川本静香（2019）中学生の潜在的ハイリスク群に対する自殺予防プログラムの効果．心理学研究，90(4), 351-359.

橋本治（2012）文部科学省提案の「自殺予防教育」についての一考察：現職の教員（幼稚園・保育園，小学校，中学校，高等学校）の意識調査に基づいて．岐阜大学教育学部研究報告　人文科学，61(1), 189-202.

畑中美穂・原田知佳・川野建治（2018）GRIP の効果．In：川野健治・勝又陽太郎編：学校における自殺予防教育プログラム GRIP．新曜社，pp.32-41.

Husky, M. M., Kaplan, A., McGuire, L., Flynn, L., Chrostowski, C., & Olfson, M.(2011) Identifying adolescents at risk through voluntary school-based mental health screening. *Journal of Adolescent*, 34(3), 505-511.

Hooven, C., Herting, J. R., & Snedker, K. A（2010）Long-term outcomes for the promoting CARE suicide prevention program. *American Journal of Health Behavior,* 34(6), 721-736.

影山隆之（2005）平成 16 年度厚生労働科学研究費補助金（こころの健康科学研究事業）自殺の実態に基づく予防対策の推進に関する研究　分担研究報告書　青少年の自殺予防対策のあり方に関する精神保健的研究．

Katz, C., Bolton, S., & Katz, L. (2013) A systematic review of school-based suicide prevention programs. *Depression and Anxiety*, 30(10), 1030-1045.

川野健治・勝又陽太郎・川島大輔・荘島幸子（2013）中学校における自殺予防教育プログラム GRIP．日本心理学会第 77 回大会発表論文集 ss13.

LaFromboise, T. & Howard-Pitney, B.（1995）The Zuni life skills development curriculum: Description and evaluation of a suicide prevention program. *Journal of Counseling Psychology*, 42(4), 479-486.

Lindow, J. C., Hughes, J. L., South, C., Gutierrez, L., Bannister, L., Trivedi, M. H., Byerly, M. J.（2019）Feasibility and acceptability of the Youth Aware of Mental Health（YAM）intervention in US adolescents. *Archives of Suicide Research*, 0, 1-17.

文部科学省(2009)教師が知っておきたい子どもの自殺予防. https://www.mext.go.jp/b_menu/shingi/chousa/shotou/046/gaiyou/1259186.htm（最終閲覧 2023 年９月８日）

文部科学省（2014）子供に伝えたい自殺予防（学校における自殺予防教育導入の手引）

https://www.mext.go.jp/b_menu/shingi/chousa/shotou/063_5/gaiyou/1351873.htm（最終閲覧：2023 年９月８日）

文部科学省（2022）令和３年度児童生徒の問題行動・不登校等，生徒指導上の諸課題に関する調査報告書.

小野寺峻一・山本奬・川原恵理子・亘理大也（2021）高等学校における援助要請の仕方とその受け止め方に関する心理教育プログラムの実践．岩手大学大学院教育学研究科研究年報，５, 243-254.

Ranbell, B. P., Eggert, L. L., & Pike, K. C.(2001)Immediate post intervention effect of two brief youth suicide prevention intervention. *Suicide and Life Threatening Behavior*, **31**(1)41-61.

阪中順子（2003）中学校における危機介入の具体化のために―教員を対象とした自殺予防プログラムを実施して（特集　危機介入―それぞれの立場・考え方から）．自殺予防と危機介入，**24**(1), 10-17.

阪中順子（2008）生徒向け自殺予防プログラムの教材開発．明治安田こころの健康財団研究助成論文集，**44**，82-91.

阪中順子（2015）学校現場から発信する子どもの自殺予防ガイドブック―いのちの危機と向き合って．金剛出版.

阪中順子（2020）体験的学習を中心にした自殺予防教育の実際．In：相馬誠一・伊藤美奈子編：子どもたちに“いのちと死”の授業を―学校で行う包括的自殺予防プログラム．学事出版，pp.116-125.

SAMHSA. NREPP(2011)SAMHSA's National Registry of Evidence-Based Programs and Practice.

Scott, M. A., Wilcox, H. C., Schonfeld, I. S., Davis, M., Hicks, R. C., Turner, J. B., & Shaffer, D.（2009）School-based screening to identify at-risk students not already known to shool professionals : The Columbia suicide screen. *American Journal of Public Health*, **99**(2), 334-339.

Shaffer, D., Scott, M., Wilcox, H., Maslow, C., Hicks, R., Lucas, C. P., Garfinkel, R., & Greenwald, S.（2004）The Columbia Suicide Screen: Validity and reliability of a screen for youth suicide and depression. *Journal of the American Academy of Child and Adolescent Psychiatry*, **43**(1), 71-79.

清水恵子・小田切陽一・坂本玲子・大塚ゆかり・末木恵子・市川敏美（2009）青少年を対象とした自殺予防教育の推進に関する研究１．平成 21 年度山梨県立大学地域研究交流センタープロジェクト研究費助成．山梨県立大学地域研究交流センター 2009 年度研究報告書.

清水恵子・坂本玲子・大塚ゆかり・末木恵子・守屋法子（2010）青少年を対象とした自殺予防教育の推進に関する研究２．平成 22 年度山梨県立大学地域研究交流センタープロジェクト研究費助成. 山梨県立大学地域研究交流センター 2010 年度研究報告書.

清水恵子・大塚ゆかり・山中達也・岡部順子・中山登（2011）青少年を対象とした自殺予防教育の推進に関する研究３．平成 23 年度山梨県立大学地域研究交流センタープロジェクト研究費助成．山梨県立大学地域研究交流センター 2011 年度研究報告書.

清水恵子・坂本玲子・大塚ゆかり（2014）Ａ県内教員を対象に実施した生徒・学生の自殺予防教育等に関する調査．自殺予防と危機介入，**34**(1), 19-30.

清水恵子・清水智嘉・山中達也・大塚ゆかり（2019）山梨県内の高校生に実施した自殺予防教育とその成果．自殺予防と危機介入，**39**(2), 85-93.

白神敬介・川野健治・勝又陽太郎・川島大輔・荘島幸子（2015）中学校における自殺

予防教育プログラムの達成目標についての実証的検討．自殺予防と危機介入，35(1)，23-32.

菅原大地・太刀川弘和（2020）Youth Aware of Mental Health Program の概要．自殺予防と危機介入，40(2), 82-88.

田中生弥子・影山隆之（2022）中学生のための SOS の出し方に関する教育の効果―自殺予防教育プログラムの一環として．学校メンタルヘルス，25(1), 40-51.

寺戸武志・松本剛・秋光恵子（2017）自殺予防教育に対する教員の実践動機に関する研究．兵庫教育大学学校教育学研究，30, 49-53.

Thompson, E. A., Eggert, L. L., & Herting, J. R.(2000)Mediating effects of an indicated prevention program for reducing youth depression and suicide risk behaviors. *Suicide and Life Threatening Behavior*, 30(3), 252-271.

Thompson, E. A., Eggert, L. L., Randell, B. P., & Pike, K. C.（2001）Evaluation of indicated suicide risk prevention approaches for potential high school dropouts. *American Journal of Public Health*, 91(5), 742-752.

得丸定子・菊地一秀・西穰司（2005）学校教育における「自殺予防教育」の取り組みについて．教科教育学研究，23, 415-427.

Tompkins, T. L., Witt, J., & Abrabesh, N.（2009）Does a gatekeeper suicide prevention program work in a school setting? Evaluating training outcome and moderators of effectiveness. *Suicide and Life Threatening Behavior*, 39(6), 671-681.

Wasserman, D., Hoven, C. W., Wasserman, C., Wall, M., Eisenberg, R., *et al*. (2015) School-based suicide prevention programmes: The SEYLE cluster-randomised, controlled trial. *Lancet*, 385, 1536-1544

Wilcox, H. C., Kella.,S. G., Brown, Ch., Poduska, J. M., Ialongo, N. S., Wang, W., & Anthony J. C.(2008)The impact of two universal randomized first-and second-grade classroom interventions on young adult suicide ideation and attempts. *Drug and Alcohol Dependence*, 95(1), 60-73

Wyman, P. A., Brown, C. H., Inman, J., Cross, W., Schmeek-Cone, K., Guo, J., & Pena, J. B.（2008）Randomized trial of a gatekeeper program for suicide prevention: 1-year impact on secondary school staff. *Journal of Consulting and Clinical Psychology*, 76(1), 104-115.

Wyman, P. A.（2010）An outcome evaluation of the sources of strength suicide prevention program delivered by adolescent peer leaders in high schools. *American Journal of Public Health*, 100(9), 1653-1661.

山本奬・佐藤和生・有谷保・板井直之・川原恵理子・三浦健・若松優子（2020）援助要請の仕方とその受け止め方に関する心理教育プログラムの提案．岩手大学大学院教育学研究科研究年報，4, 223-236.

吉原寛（2023）SOS の出し方に関する教育を充実させるための基礎的検討―被志向性とストレスマネジメント教育に焦点を当てて．弘前大学教育学部研究紀要クロスロード，27, 73-80.

# 第２部
# 実践編

第５章

# 学校現場への<br>自殺予防教育の導入・定着過程

長崎明子・鎌谷友子

すべての子どもたちに自殺予防教育を届けるには，プログラムの開発に加え，学校現場に導入し，定着させていくための行政の関わりが重要となります。

本章では，北九州市の自殺対策担当者が，その時々の社会情勢や課題に向き合いながら“バトン”を繋ぎ取り組んできた経緯を示し，自殺予防教育を学校現場に導入し，定着させるために必要あるいは有効な方策の一例を提示します。

## １．社会的背景

### （１）自殺予防をめぐる国の動き

わが国における児童生徒の自殺予防に関する取り組みは，平成18(2006）年の自殺対策基本法の施行を経て文部科学省に「児童生徒の自殺予防に向けた取り組みに関する検討会」が設置されたことに始まります。翌年に閣議決定された「自殺総合対策大綱」の重点施策の一つとして『児童生徒の自殺予防に資する教育の実施』が掲げられ,「児童生徒に対する自殺予防を目的とした教育の実施に向けた環境づくりを進めること」が提起されました。その後，国全体の自殺者数が減少傾向に転じても，児童生徒については深刻な状況が続いたことから，平成28（2016）年に改正・施行された自殺対策基本法では，学校における教育・啓発の推進が明記され，その後も何度か見直された自殺総合大綱においてもその重要性は繰り返し指摘されています。令和５（2023）年には，こども家庭庁が創設され，子

どもの自殺対策の「司令塔」として，こども家庭庁内に「自殺対策室」が設置されました。この間の経緯の詳細については，第１章を参照ください。

（２）地域における自殺対策の強化

平成 21（2009）年度，地域における自殺対策を緊急に強化することを目的として，地域の実情を踏まえて自主的に取り組む地方自治体等の活動を支援するため，各都道府県に地域自殺対策緊急強化基金が造成されました。同基金により財政的根拠を得たことは，地域レベルで施策を企画・実施する大きな契機となりました。北九州市における自殺予防教育の実践も，同基金を契機として始まったものです。

## ２．北九州市の自殺対策

（１）自殺対策の実際

北九州市における自殺対策は，自殺対策基本法施行以前から，市の精神保健福祉行政の中核であり専門機関である精神保健福祉センターにおいて，精神保健福祉行政の範囲内で取り組んできました。自殺対策基本法施行を契機とした全国的な機運の高まりを背景に，北九州市において取り組みが強化されるようになってからも，同センターが中心となって進めるという体制は変わりませんでした。

平成 25（2013）年４月には，自殺対策のさらなる強化を図るため，精神保健福祉センター内に「いのちとこころの支援センター」を設置しており，精神保健福祉センターとの一体的な活動として市の自殺対策を担っています。

自殺対策基本法の施行からちょうど 10 年目となる平成 28（2016）年４月には，自殺対策基本法が改正され，全ての都道府県および市町村は地域における自殺対策計画を策定することとされました。北九州市では，平成 29（2017）年５月に『北九州市自殺対策計画』を策定し，「自分らしく生きる喜びを実感できるまち・北九州」を基本理念に総合的な自殺対策を進めていくこととしました。

この計画において，自殺は，さまざまな要因が重なって起きていること，そしてその多くが追い込まれた末の死であるという認識の下で，「事前予防」，「危機対応」，「事後対応」の３つの段階に応じてそれぞれの施策を進めていくこととしています。

この計画は，令和８（2026）年度までの10年計画としていますが，各施策等の成果について２年ごとに評価を行っています。その時々の自殺の動向や国の動きを踏まえて，これまでに令和元（2019）年度，令和３（2021）年度，令和５（2023）年度の計３回，見直しを行ってきました。

計画の評価や見直しに際しては，関係機関や団体で構成する北九州市自殺対策連絡会議において協議・検討を行うこととしており，この会議では，自殺予防教育を一緒に進めている臨床心理士会や市教育委員会からの構成員も含まれています。自殺予防教育の現状や実践内容について会議で説明を行うことで，他の構成員にも自殺予防教育について認識を深めてもらうことができ，市が進める総合的な自殺対策について議論していくことが可能となっており，さらには相互の連携や協働の仕組みづくりに繋がっていきます。

なお，庁内においても，自殺対策に関係する部署からなる市自殺対策庁内連絡会議を開催しており，子どもの自殺予防という観点から，市教育委員会や子ども家庭局の関係部署も会議に出席して，それぞれの取り組みについて情報共有を行うなどの連携を図っています。

### （２）市教育委員会・臨床心理士会・精神保健福祉センターの連携と協働

北九州市の自殺予防教育についてお伝えする際に一番大きな特徴として言えるのは，市の総合的な自殺対策のなかに自殺予防教育がしっかりと位置づけられていることではないでしょうか。

具体的な取り組みについては以下で紹介していきますが，そのどれもが市教育委員会と臨床心理士会（北九州市スクールカウンセラー），そして精神保健福祉センターとが密に連携しながら積み上げてきたものであり，今や市の自殺対策として欠かすことのできない重要なものとなっています。

#### ①二者関係から三者関係へ

１）教育委員会と臨床心理士会：教育委員会と臨床心理士会の連携・協働関係は，他の自治体同様1995年に始まったSC活用調査研究委託事業において，担当者同士が協議を重ねながらSCの配置と効果的な活用について検討する中で発展してきました。北九州市教育委員会は，比較的早い段階から，不登校の親の会や，構成的グループ・エンカウンターの講師等，SCを幅広く活用する方針を示していました。

このように，北九州市では教育委員会と臨床心理士会との間で学校にお

けるさまざまな問題の対応や予防にSCが関与する体制が構築されていました。

2）臨床心理士会と精神保健福祉センター：北九州市では，精神保健福祉センターと臨床心理士会の関係は，日頃の業務上の連携関係に加え，精神保健福祉センターをはじめとした市主催の研修会の講師のほか，福祉事務所の生活保護担当課への臨床心理士の配置，防災教育DVD作成への助言などの臨床心理士活用が複数の部局にわたって進んでおり，その多くについて，行政内部のコーディネート役を精神保健福祉センターが担ってきました。このように，北九州市では，教育委員会のSC活用事業以外にも，行政において臨床心理士の専門性を活用した経験が積み上げられており，それを支えたのが臨床心理士会と精神保健福祉センターとの間に構築された関係性だったと言えます。

3）教育委員会と精神保健福祉センター：精神保健福祉センターは，その本来の機能において，学校関係者の依頼に応じて，専門的見地から助言を行うなどの技術的支援を行うことがあり，二者の間にはそれらの支援を通じた関係性がありました。

②自殺予防教育に関する連絡会議

北九州市では平成24（2012）年度から市教育委員会と臨床心理士会，そして自殺対策主管課である精神保健福祉センターの三者で自殺予防教育に関する連絡会議を定期的に開催しています。

この連絡会議は，子どもの自殺の状況や国の動きについて情報共有し，共通理解を深めることを目的に開催していますが，その他にも，それぞれで実施している取り組みや課題について意見交換を行う場となっています。この連絡会議において三者が同じテーブルに着くことで，自殺予防教育を行う際の課題の詳細や，リスクの高いケースへの対応といった学校現場での実践的な課題について，多角的な視点から掘り下げて検討することができ，併せて，自殺予防教育についての考え方を再認識することができています。

また，精神保健福祉センターの事業には，電話相談や対面相談（例：相談者が抱えるさまざまな問題を１カ所で相談できるワンストップで対応する「くらしとこころの総合相談会」等）があります。これらの相談の際，相談者の話を掘り下げていくと子どもに関連する問題を抱えていることも多くあり，精神保健福祉センターでも自殺予防教育の視点を持ったスタッ

フの育成は必要です。このような意味からも，市教育委員会や臨床心理士会との連絡会議は，精神保健福祉センターとしてもスタッフのスキルアップに繋がる貴重な学びの場となっています。

③自殺予防教育の教材（リーフレット）制作・改訂

北九州市では，精神保健福祉センターの支援のもと，自殺予防教育導入当初にSCの有志が立ち上げ，SCが主体となって継続しているワーキンググループの活動があります。現在でも市教育委員会とともに精神保健福祉センターも関わりを持った活動となっており，市の自殺予防教育を充実させ，進めていくための大きな力となっています。中でも特に大きな取り組みとして，自殺予防教育にかかわる教材（リーフレット）『だれにでも，こころが苦しいときがあるから…』の制作・改訂があります。

このリーフレットは，平成21（2009）年に精神保健福祉センターの委託により臨床心理士会が初版を制作し，その後は，その時々のニーズや実態を踏まえながらワーキンググループが中心となって改訂を重ねてきました。リーフレットの改訂に当たっては，授業の実践の中での課題や意見を踏まえて，メンバーが一堂に会し，何度も議論を繰り返しました。令和4（2022）年度の改訂時には，コロナ禍ということもあって集合しての議論が難しく，オンライン会議を活用するなどして意見を取りまとめて完成させました。議論の過程では，SCとしての深い知識と熱い思い，そして何より強い使命感から意見が尽きないこともありましたが，最後には「現場である学校・教職員が不安なく使えるかどうか？　正しく子どもたちに伝わるかどうか？」という視点を基本に据えて，丁寧に校正を重ねました。

このリーフレットは，他の自治体等からも内容に関する問い合わせを受けることも多く，その際に「ぜひ参考にしながら我がまちの子どもに授業を行いたい」，「自分たちもこのようなものを作りたい」との声を聞くこともあります。自殺対策は一朝一夕で明確な成果が見えるものでは決してなく，悩みながら日々業務に当たっていますが，自殺対策担当として，北九州市の自殺予防教育の一部に携わっていることを実感できる瞬間であり，このような機会が業務を行う上での大きな励みとなっています。

④ワーキンググループの活動

SCの有志で構成するワーキンググループでは，上記で述べた活動以外でも，精神保健福祉センターが実施する若い世代への自殺予防対策について意見交換を行うこともあります。本市の子ども・若者向け自殺対策の大

きな推進力となっています。

また，本市の自殺対策の重要な事業である「くらしとこころの総合相談会」や「自殺予防こころの相談電話」等においても，ワーキンググループのメンバーのSCである臨床心理士が相談員として出務することもあります。

「くらしとこころの総合相談会」とは，相談者が抱えるさまざまな問題を１カ所で相談できるワンストップ型の相談会です。この相談会には，仕事の悩みや借金問題，生活費に関することなどさまざまな問題が寄せられますが，相談内容を掘り下げていくと子どもに関連する問題を抱えている案件もあり，自殺予防教育に関わっている臨床心理士が対応することで，問題が解決に向けて動き出すこともあります。

このように，ワーキンググループの活動についても北九州市自殺対策の重要な位置を占めています。

⑤人材育成にかかる各種研修会の情報共有

子どもの自殺予防に関連する研修会は，現在，自治体レベルでの開催も多くあります。さらに，コロナ禍を契機にオンライン形式での開催のものも増え，参加しやすいものとなっているのではないでしょうか。また，依存症や摂食障害など，子どもを取り巻く現代的な課題を取り上げる研修会も多くあり，これらの研修会や講演会に関する情報について，三者で共有するなどの連携も図っています。

## ３．自殺予防教育導入・定着のための研修実施

北九州市における自殺予防教育は，教材や授業プログラムのみを指すのではなく，SCとの協働などにより学校・教職員をサポートする体制と安全・安心感を提供するための仕組みづくりなど，自殺予防教育の導入に向けた取り組みの一連の過程すべてを指すものと考えています。そのため，自殺予防教育の導入は，関係者間の合意形成から始まり，教材開発や実施体制の構築など，実践に至るまでの過程も自殺予防教育実践に含まれると考え，三者の協働体制の中で段階的に進めてきました。

### （1）既存の研修等を活用した教職員研修の段階的拡大

教職員を対象とする研修は，新たにあるいは特別な機会を設けて実施するのではなく，教育委員会が従来から実施していた教育委員会主催の既存

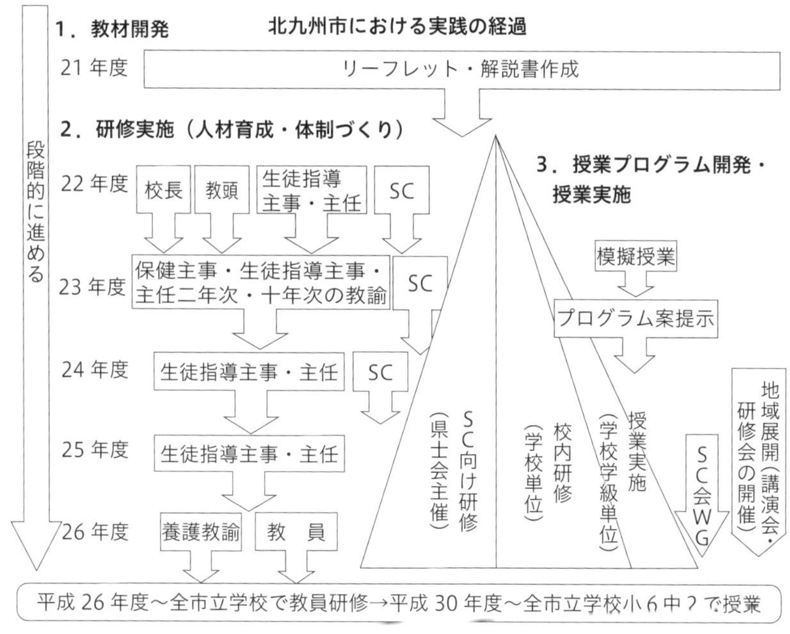

図5-1　研修実施の推移

の研修や会議の場を活用しました。例えば，校長を対象とした研修，教頭が集まる連絡会，生徒指導主事・主任の定例会議などです。既存の機会を活用することで，早い段階から自殺予防教育の必要性やその実際についての合意形成を図ることが可能になりました。研修は，自殺予防教育の担い手を育成する人材育成の機会であると同時に，学校関係者あるいは学校組織内での実施体制の基盤づくりとしての意味が含まれます。特に管理職がその必要性や基本的な考え方を理解していることは，その後の展開に向け非常に重要かつ不可欠な要素となります。

管理職以外にも，生徒指導主事・主任を対象とする研修を毎年実施し，他に，保健主事や養護教諭などを対象とした研修も経て，平成26（2014）年度からは全市立学校で，後述する研修を受けたSCを講師に毎年教職員研修を行うことが，教育委員会によって義務づけられました。

## （2）SC研修

SCに対する研修は，当初，教育委員会主催の連絡会議等を活用したこともありましたが，その後，北九州市SCの研修会の中でも実施するよう

になりました。北九州市の自殺予防教育は，SCとの協働を特徴としていることから，SCの育成という点でSCに対する研修が必要不可欠です。

特に平成26（2014）年度以降，配置校での教職員研修をSCが担うことになったため，事前のSC研修会において，ワーキンググループメンバーがあらかじめ検討・作成した研修プログラム・資料を提示することで，経験が乏しいSCであっても一定水準の研修が提供できる体制を整えています（第6章参照）。なお，平成30（2018）年度からは，全市立学校で小学校6年生と中学校2年生で自殺予防教育の実施が進んでいますが，SCは担任教員とのティーム・ティーチングの中でT2（補助的な授業者）としての役割を果たすことが期待されています。その詳細は第7章をご覧ください。

## 4．学校における自殺予防教育において，期待される行政の役割

北九州市では，精神保健福祉センターの取り組みから，自殺予防教育に関わる行政の役割について以下のように整理しています。

### （1）教職員研修

教職員を対象とする研修において使用する資料は，前述のように，ワーキンググループを中心に協議を重ねて作成しています。精神保健福祉センターとしては，自殺の状況に関する厚生労働省の取り組みや統計資料に関する情報を提供するなどの役割を担っています。特に，小中学生を含む若年層の自殺に関して公表されている国の動きや，統計資料について情報共有し，連携を図っています。

令和5（2023）年度の研修資料作成に当たっては，厚生労働省で新たに示された自殺総合対策大綱のなかで，「子ども・若者の自殺対策のさらなる推進・強化」が大きなポイントとされていることについて特に丁寧に情報提供しました。このような国の大きな動きのなかに自殺予防教育が位置づけられていることや，統計資料を現場の教職員に研修で伝えていくことは，自殺予防教育の必要性，ひいては市の自殺対策の取り組みとして非常に説得力があると考えています。

### （2）授業実践

北九州市の自殺予防教育の実践においては，北九州市オリジナルのリーフレット『だれにでも，こころが苦しいときがあるから…』を教材として

使用していることが特徴です。

リーフレットを授業で実際に使用していくためには，必要とするときにリーフレットが用意されていなくてはなりません。そのためには，具体的には，リーフレットの印刷費用や学校への配送費用といった予算確保の問題がありますし，学校が必要とするときにすぐに届くようなルートの確保，在庫管理といった実務が必要となります。北九州市では，リーフレットを使用することとなった平成21（2009）年度以降，行政として精神保健福祉センターがその役割を担っています。市の総合的な自殺対策の一つとして自殺予防教育を明確に位置づけており，必要な予算や実務を行う人員を確保するなどして，毎年，スムーズに学校へリーフレットを届けることができるようにしています。

また，リーフレットを使用した授業を実施するには，教育委員会の協力がなくてはなりません。北九州市では，市教育委員会が主導して各学校へ授業実施について呼びかけを行っており，その後の授業実施までの流れがスムーズに進んでいくことが可能となっています。

なお，現在，毎年度行う授業実施までの流れは，以下の通りです。

1）年度当初，市教育委員会が主催する説明会において，学校における自殺予防教育の取り組みについて各学校長へ直接説明
2）１）のなかで，リーフレットの使用についても併せて説明
3）その後，授業を行う時期を各学校が決定
4）実施時期を決定すると，学校はリーフレットの必要部数等を精神保健福祉センターへ連絡
5）精神保健福祉センターが学校へリーフレットを発送

自殺予防教育導入当初には，リーフレットを使用する際のポイントを教職員に正しく伝える目的から，リーフレット発送に併せて，さまざまな留意事項をまとめたプリントを同封していた時期もありました。何をどのように学校へ伝えるのがよいか，その都度，精神保健福祉センターとワーキンググループで意見交換を行い，進めてきました。現在では，リーフレットを使った授業の実践については，各学校のSCが事前に研修を受けており，SCが担当する学校の教職員に研修を実施した上で授業を行っていますので，学校へ送付するのはリーフレットとリーフレットの解説書のみと

なっています。

また，当初には，児童・生徒の実態に即して，現場の先生方にとって役に立つリーフレットおよびプログラムとして質を高めていけるように，授業を行った全ての先生方にアンケートへの回答を依頼していました。アンケートの回収と取りまとめも精神保健福祉センターにおいて行い，ワーキンググループや教育委員会と内容の振り返りや進め方の協議を重ねていきました。回収したアンケートには教育現場の生の声が寄せられており，その後のリーフレットの改訂等にも繋がっていきました。

### （３）自殺予防教育のこれから

特にコロナ禍以降は，それまで予想もしなかったような社会の変化が起こり，私たち大人だけでなく，子どもたちを取り巻く環境にも影響があることが指摘されています。

北九州市の自殺予防教育は，これまでの長い歴史の積み重ねの下で市立小・中学校全校に導入が進んできました。今ではその定着を図っていく段階となっていますが，変化の目まぐるしい中でも，子どもたちを取り巻く環境や課題に対して柔軟に対応していく必要があると考えています。例えば，SNS の利用ひとつ取ってみても，いろいろな媒体があり，それぞれをどのように子どもたちが使っているのか，そこで何が起きていて，子どもたちはどう考えているのか，などがあります。これらの現状について，常に情報のアップデートが必要ですが，自殺対策の所管課である精神保健福祉センターだけで把握することは困難です。

あらためて，日頃子どもたちと接している SC や市教育委員会との連携が不可欠と考えます。今後においても，SC と本教育委員会とともにしっかりと連携を図りながら，北九州市の自殺予防教育を充実させていかなければなりません。

また，小・中学校を卒業して以降の若い世代でも，小・中学校で学んだ自殺予防教育が日常生活のなかで生きてくることが必要と考えています。自殺予防に関する学びの機会は，もっと長く，子どもたちが大人になってからも続いていく必要があるでしょう。

小・中学校を卒業した若い世代が，どのような機会に，どのような形で学ぶことができるのか，ワーキンググループの意見を聞きながら，まさに今検討を進めているところです。

結びに，北九州市における自殺予防の取り組みの充実により，子どもたちがSOSを出した時に，できるだけ多くの大人が気づき，適切に対応することで，子どもが「あぁ，話してみてよかった」，「聴いてもらえてこころが軽くなった」と思えるような，安心して過ごすことのできる環境づくりが進んでいけばと切に願っています。これは，自殺予防教育だけでなく，大人も含めた全ての自殺対策に共通することではないかと思っています。

参考文献

厚生労働省（2022）自殺総合対策大綱―誰も自殺に追い込まれることのない社会の実現を目指して．https://www.mhlw.go.jp/stf/taikou_r041014.html

厚生労働省（2022）令和４年版自殺対策白書．https://www.mhlw.go.jp/stf/seisakunitsuite/bunya/hukushi_kaigo/seikatsuhogo/jisatsu/jisatsuhakusyo2022.html

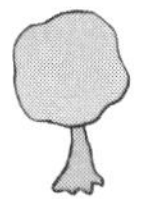



コラム４

# 自殺対策としての自殺予防教育

## 行政機関の自殺対策担当者へのメッセージ

行政において自殺対策を所管する部署の一担当者として，平成21（2009）年の取り組み開始当初から約５年にわたり，自殺予防教育に携わりました。

取り組み当初は，自殺対策基本法が制定されてまだ間もなく，折しも「地域自殺予防緊急強化基金」が造成されようとしていた時期であったことから，大きく施策が動く時で，限られた予算と時間の中でまさに走りながらやってきた，というのがその５年間に対する正直な感想です。

そのような形で自殺予防教育との出会いを得て，まるで巻き込まれるかのように取り組んできたわけですが，自殺予防教育に関係したことで，自殺対策とは何かという，どこから手をつければよいか思案するほどの大きな課題に，有益な知見と施策に生かすヒントをたくさん得たように思います。

自殺対策として行政が取り組むべき施策の最たるものに普及・啓発がありますが，誰に，何を，どのように伝えれば有効かつ効率的・効果的か，という普及・啓発に絶えずつきまとう課題は，自殺予防教育を学校現場に導入する過程においても同じでした。自殺対策で重要となる「予防」について考えるときも，対象がポピュレーションなのかハイリスクなのか，という点は学校でも地域でも同様に議論になるポイントですし，対応の基本も同じでしょう。自殺対策でポストベンションという造語で言われる自死遺族に対する支援や配慮についても，学校・学級内でも考慮し適切な支援を講じる必要があります。つまり，学校に自殺予防教育を導入しようとするときに遭遇する課題や問題は，地域における自殺対策の普及・啓発において生じるものと共通しているというわけです。

また，北九州市における自殺予防教育の実践が，教育委員会やSC（臨床心理士会）との連携を前提に進められたという事実は，地域における関係者の連携・協働を具現化したもので，その効果と有効性は実際の取り組み

の中で日々感じていました。自殺対策の所管課であるからといっても，あるいはどんなに重要で有益なプログラムであったとしても，学校というコミュニティに外から持ち込み定着させるのは容易ではありません。対象とする組織あるいはコミュニティや文化に，外部から新たな“もの”を持ち込むには，その中にいる人の力がなくてはなりません。外から一方的に入ってくるものは，たとえどんなに良いもので価値のあるものであろうと，脅威であり，拒否的な感情を覚えやすく，恐怖の対象にさえなり得ます。「自殺」という，どこか「恐ろしい」印象を与えるものであればなおさらです。この点で，SC や教育委員会との協働は有効であり，北九州市においてここまでの展開するための必要条件だったと感じています。

このような北九州市の進め方は，最初から戦略的な意図を持って始めたものではなく，むしろ，結果から分かった，あるいはあらためて認識した，と言うほうが正しいかもしれません。しかしながら，自殺予防教育の必要性を理解し，そのコミュニティ（組織）の中で具体的な行動をとることができる「関係者」に協力を依頼し，その「関係者」の力を最大限生かすために協力・協働してきた，という点では，自画自賛ではありますが，自殺対策所管課としての功績と自負してよいと思います。

全国的には，自治体レベルで学校現場における自殺予防教育に取り組んでいる地域は非常にまれです。北九州市の例は，その意味で，先駆的で画期的な取り組みと言えるかもしれません。しかしながら，北九州市でしかできないことだとは決して思いません。もちろん，北九州市には北九州市の事情や背景があり，だからこそ実現したことや，有効だったことはあります。ですが，どの地域においても，地域それぞれに事情があり，生かすことができる資源や人材，地域の特性，とるべき方策があると信じています。北九州市における自殺予防教育導入の過程は，それを強く体感するものでした。

(長﨑明子)

# 第6章
# 学校における合意形成

シャルマ直美

本章では,学校において自殺予防教育を実施する際,最も重要となる「学校における合意形成」過程について，その中核となる教職員研修の進め方と内容を具体的に提示します。北九州市の特徴は，教職員研修の担い手を学校コミュニティにこころの専門家として配置されているSCとしていることですが，SCが配置校において自殺予防に関して一定以上の役割を果たせるためのSC側の体制作りについても触れています。

## 1．教職員研修

### （1）教職員研修の意味

北九州市においては，授業実施の前に，必ず教職員研修を実施することにしています。教職員研修による「関係者の合意形成」を「授業実施の前提」と位置づけているためです。仮に合意形成のないまま，つまり教職員研修を省略して授業を実施してしまうと,授業内容への誤解が生まれたり,自殺予防教育の必要性や，授業内容のねらいの確認ができなかったりすることが考えられます。また教員とSCとで授業を行う場合にも，その協力分担がスムーズでない授業展開となる可能性もあります。加えて保護者への説明や周知を図る上でも，教職員の理解は不可欠であり，北九州市の自殺予防教育において最も重要視していることの一つです。

北九州市の場合，各学校における自殺予防教育のための教職員研修は，北九州市教育委員会の通知により，その学校に配置されているSCが担当することになっています（平成26（2014）年度～令和5（2023）年度現在)。各校配置のSCが研修を担当することで,教職員との関係性が深まったり，授業実施に向けての打ち合わせがしやすくなったりするメリットが

あります。また，研修後に，通常業務の中で研修内容についての質問を受けることもでき，SCは同じ学校コミュニティに所属する者としての立場を活かし，研修内容をその場限りにせず，自殺予防教育の視点を教職員と共有する環境を作っていくこともできるでしょう。さらに言うと，SCが学校における自殺予防教育においてその機能を発揮することができれば，学校コミュニティ全体の「メンタルヘルスへの寄与」「児童生徒どうしの援助し合う関係構築への支援」といったさまざまな問題の「予防」に関与することができると考えています。

### （2）SCによる教職員研修の準備

#### ①自殺予防教育ワーキンググループ（WG）の活動

図6-1のように，各校SCのための研修を自殺予防教育ワーキンググループ（WG）が担当し，それを受けた各校SCが自身の配置校で教職員研修を行うことになっています。

WGメンバーは，この領域に関心をもつ有志の北九州市SCで構成され，平成25（2013）年度から自主的に学習会を開いています。協働でこの授業を推進している北九州市立精神保健福祉センターの担当者もWGの学習会に参加し，情報共有につとめ，自殺の実態についてのグラフ作成や，自殺予防教育に関するアンケートの集計等，事務的サポートをしています。また，教諭時代に担任として自殺予防教育の実践経験が豊富で，この教育に造詣の深い校長先生もWGメンバーの一人です。

これまでWGは，以下のような内容を協議し，活動してきました。

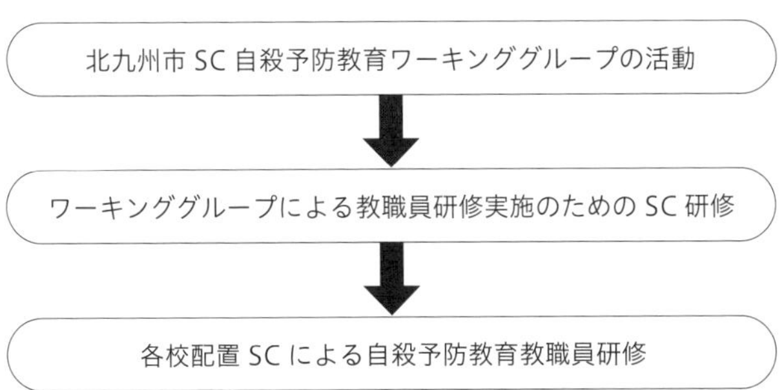


図6-1　教職員研修の構造

・SC が実施する教職員研修の内容検討
・教職員研修を実施するための，SC を対象とした研修内容の検討
・教職員研修後のアンケート結果についての考察
・各区の生徒指導主事・主任研修会での研修内容（市教委からの依頼）の検討と研修会の講師
・メンバーによる配置校での授業実践の準備，報告，検討（その後全市立小中学校での授業実施へ）
・各研修後アンケートの項目について検討
・自殺予防教育のためのリーフレットや解説書の改訂作業
・学会発表の準備と発表

これらの中で，最も力を入れてきたのが，「授業実践の準備，報告，検討」です。授業実施学年や学級担任，教科担任，養護教諭らと事前に打ち合わせる中で，どのような内容に配慮しなければならないか，そして実践する中で感じたこと，事後の児童生徒や先生方の反応など，実践した SC の知見を他の SC がいかせるよう，経験の共有をしてきました。そして，授業実施上の配慮内容や具体的な流れ・方法が大まかに形作られ，全市の市立学校での授業実施へとつながっていきました。

WG で検討した内容は，北九州市 SC 全体にフィードバックし，SC のスキルアップにも寄与しています。

②教職員研修の内容の検討

北九州市 SC が各校で行う「教職員研修の内容」は前述のとおり，WG 内で検討しています。各 SC が独自に内容を考えても構わないのですが，最低限，どの学校の SC も示すことのできる資料があれば，全市でその内容を共有できると考え，そのような方法をとっています。その際に使うパワーポイント資料は本書付録①に示していますが，令和 5 年（2023）度現在，主に 3 つの内容で構成しています。

1）自殺に関する基礎知識（自殺に関する統計資料からみる自殺の実態，基礎知識）
2）「自殺予防教育」についての説明
3）児童生徒の話の聴き方（傾聴の実際），「死にたい」「消えたい」気持

ちを聴く時

③ SC を対象とした研修

配置校での教職員研修に備えて，その内容を研修することそのものが，SC 研修となっています。しかし，その内容は，かなりポイントを絞った最低限の内容になっています。SC としての専門性を発揮できる領域のひとつとして，「自殺予防教育」を位置づけることができると考えますと，各 SC がさらに自主的に研修を進めていくことが期待されます。

また，未然防止（プリベンション）である自殺予防教育に加え，危機対応（インターベンション）としてハイリスクの児童生徒にかかわることは，SC の本来業務の一つでもあり，重要な業務内容です。私たち北九州市 SC は，WG のメンバーを講師とした危機対応（インターベンション）の研修も実施しました。その時のパワーポイント資料も，付録①に示しています。

なお，自殺が起きた時の事後対応（ポストベンション）についてですが，福岡県臨床心理士会は『学校コミュニティへの緊急支援の手引き』（福岡県臨床心理士会編，2005，2017，2020）を基本的な考え方として，2000 年以降，児童生徒の自殺に限らず学校における重大な事件・事故後の支援を行ってきました。その事後対応の経験から未然防止の必要性を感じ，未然防止の取り組みにもつながった，という経緯もあります。事後対応つまり緊急支援は，いつどこで求められるか分からない対応ですので，毎年一学期中に SC としての研修を行うようにしています。

## 2．SC による教職員研修の実際

各校 SC が行う教職員研修で使用するパワーポイントを付録①に示しました。毎年，少しずつ改善したり差し替えたりしていますが，現在使っているものを掲載しています（令和５（2023）年度版）。

### （１）自殺に関する基礎知識（自殺に関する統計資料からみる自殺の実態，基礎知識）

北九州市立精神保健福祉センターの協力により作成された統計資料をはじめ，複数の資料を提示して，実態をお知らせするようにしています。令和５（2023）年度現在，事前に SC に提供している資料としては，

・日本の年間自殺者数・自殺死亡率の推移
・北九州市の自殺者数・自殺死亡率の推移
・学生・生徒の自殺者数の推移（全国）
・県内未成年の自殺者数の推移
・未成年の自殺の原因（遺書等により推測されるもの）と学校問題の内訳（全国）
・交通事故の死者数の推移と自殺者数の推移との比較（全国）

等があります。

SC が各学校で与えられる時間内で研修を実施するにあたり，適切だと考えるものを各 SC の判断で提示しています。

グラフは，付録①に示しています。

教職員研修を始めた当初は，平成 21（2009）年度に作成した子ども向け自殺予防のリーフレットの内容や考え方だけを伝えていましたが，統計資料を示すようになってから，教職員の関心は高まりました。自殺予防教育の必要性を強く訴えることができたからだと思います。

さらに北九州市の統計資料を提示できたことで，児童生徒の自殺を予防するだけでなく，大人になってからの自殺を防ぐことの意義を感じていただけるようになりました。これこそ，まさに「生涯にわたるメンタルヘルス」という視点です。

また，令和５（2023）年度は「自殺行動につながる背景」として，以下の内容も加えました。

・発達障害の二次障害
・子ども時代の逆境的体験
・自傷行為
・薬物依存→オーバードーズ（過量服薬）

これらは教職員にとって，日常の学校生活で起こり得る児童生徒の危機に関する内容なので，高い関心をもって研修を受けていただくことができました。

（２）自殺予防教育の説明

パワーポイントの資料は付録①にありますが，この内容についても各SCが選択して提示するようにしています。

これまで，『自殺総合対策大綱』の一部（「自殺予防教育」についてふれられた部分）を紹介したり，日常の教育活動における「自殺予防教育」の位置づけや，関連することがらとの関係性を図にして示すものを作成したりしました。『子供に伝えたい自殺予防』（文部科学省, 2014）の図も引用しています。「北九州市の学校における自殺予防教育」の特徴とポイントを示したスライドも示しています。

北九州市では令和５（2023）年度現在，自殺予防教育の全体像を以下のようにとらえ，スライドに示して，教職員研修での説明に使用しています。以下のような点を特徴としています。

・日常の全ての教育活動を通して「ピンチをしのぎ立ち直る力をつける」

小６と中２を対象とした年に１度の授業では，児童生徒に届いて浸透していくことは難しいと思います。自殺予防教育は，こころのピンチでない時も含めて「どう生きるか」の教育だと思います。私たちが日々生活する

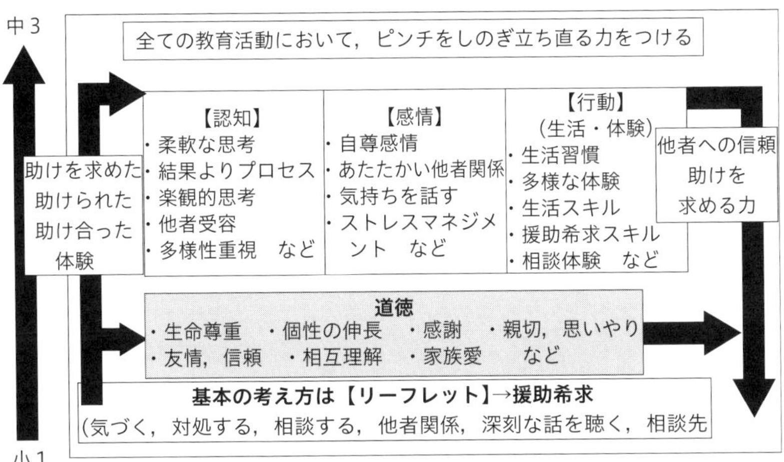


図 6-2　北九州市の自殺予防教育の概観

中で経験を積み重ね，「ピンチをしのぐ力」をつけ，それがピンチの時に生きてくるものだと思うのです。全ての教育活動において児童生徒に育まれている「生き抜く力」が，自殺予防教育の視点をもつことによって，さらに意義深いものとなるのではないでしょうか。

・リーフレットやその他の教材と授業実践の紹介

以前は，第７章のリーフレットを活用した授業内容をはじめ，他の教材を活用しての授業など，授業の実践内容を教職員研修の中で紹介してきました。平成 30（2018）年度，全市の小学６年生と中学２年生対象の自殺予防教育が必須となってからは，担任と SC とで授業内容を決めるようになっています。授業を実施した教職員によっては，中学生の自殺を報道した記事を配布して，友だちの深刻な危機への対応について考えさせる内容もありました。

・研修用 DVD の作成と活用

また，授業の中で「友だちの話の聴き方」の活動をしている生徒のイメージや雰囲気を教職員に伝えるために，授業の一部を映した研修用 DVD を活用したこともありました。

そのような教職員研修での「授業実践の例示」も，教職員の関心の高いものでした。

（3）児童生徒の話の聴き方（傾聴の実際），「死にたい」「消えたい」気持ちを聴く時

教職員が，児童生徒の「死にたい」「消えたい」といった言葉に対して，どのように対応するとよいのか，ということを研修内容としています。実際の内容は，付録①に紹介しています。

研修時間に余裕のある学校に向けては，シナリオを作成して，児童生徒の話を聴く練習も研修内容に入れています。

## 3．保護者の合意形成

保護者に対しては，各校の PTA の研修組織からの依頼などで，SC が研

修を担当する場合もあります。その場合も，以下のような内容を伝えています。

・「メンタルヘルス」を維持，増進できる生活について
・子どもの「メンタルヘルス」に関連する大人のかかわりについて
・自殺予防に関する基本的な考え方
・「生涯にわたるメンタルヘルスの基礎を築く」という考え方について

保護者の場合は，授業実施も想定した上で授業実施者である教職員を対象とする場合と異なり，これまでのところ，全ての保護者を対象に自殺予防教育の視点や考え方を伝えることはしていません。

しかし，授業実施前後に校長が，学校通信で授業実施の予告をしたり，実施後には授業の様子を写真や感想と共に全保護者に報告したり，学級担任が学級通信を通して授業内容や児童生徒の様子，感想などを伝えたりしています。SC が発行する通信の中で，児童生徒の感想や SC のメッセージを伝えることもあります。

加えて，公民館や市民センターで行われる講座や講演会において，地域の皆様を対象に，教職員研修の内容をベースにしてお話することもあります。折に触れて，自殺予防教育の理念や視点を伝える活動を地道に行っています。学校関係者であってもそうでなくても，子どもを取り巻く大人たちが，自殺予防の視点をもってかかわることの大切さを実感しています。

コラム5

# 管理職の立場から

## 教員にとっての「生涯にわたるメンタルヘルス研修」を考える

毎年，夏季休業中に「生涯にわたるメンタルヘルス」の研修が行われる。この研修は教員にとって最も重要な研修であると考えている。なぜなら，現代社会の教育を取り巻く環境はとても厳しい。この厳しい現状を打破していくためには，しなやかなメンタルヘルスを教員，一人ひとりが備える必要があるからだ。

「消えたい」「いなくなりたい」という子どもの声にどのように向き合うのか？　「だれにも言わないで」という子どもの奥底にある「誰かに伝えてほしい」という思いに寄り添うには，どうすればいいか？　自傷行為の跡を発見したときに，どのように子どもの心の声を聞き，関係機関につないで，子どもの命を守るのか？　保護者との関係性をどのように構築するとよいのか？等，最近の研修では，講師であるスクールカウンセラーの皆さんが，各学校の実態や教員の要望に応えて，研修内容を工夫してくださっているので，とても具体的で現実味のある対話ができ，とてもありがたいことである。この研修は「自殺予防教育」を通して，子どもの命を守ることが我々，教員の使命であることを再確認する研修であると共に，教員自身の命を守るための研修でもあると考える。

文部科学省は，教員の勤務状況などを調査した2022年度の学校統計の中間報告を公表した。その中で，精神疾患を理由に離職した公立学校の教員が953人に上り，過去最多となったと報告された。また，精神疾患による休職者は全教員数の0.64％である。この数字は何を意味するのだろうか？

0.64％は「だれにでもメンタルダウン」が起きることを教えてくれる。昨日まで元気だったのに。いつもは明るい人なのに。急に起き上がれなくなった。子どもの前に立つのが怖くなった。確かな前触れもなく，自分自身も理解できないメンタルダウンに見舞われることがあるということである。そうなったときに，同僚として，上司として，家族として自分自身と

してどうすればいいのか？　そのヒントが「生涯にわたるメンタルヘルス」の研修会にあふれている。

夏休みの先生方は「子どもたちに伝えよう」「子どもの一大事の時に活用しよう」と「自分事」として積極的に研修に参加している。そして，夏休み明けに，研修で学んだことを自分の学級の子どもに伝わる方法を考え授業に生かしていく。これがとても重要なポイントである。講師の話を聞いて納得するだけでは，自分の理解にはならない。子どもに伝えてこそ，自分の理解が深まるのだ。一方で，子どもたちにどのように伝えると良いか迷ってしまう。「自殺予防教育」に戸惑いがある時は，自分のメンタルヘルスが疲れているかもしれない。そのときは，同僚に声をかけてみてはいかがだろうか？　心がホッとする一言が返ってくるはずだ。子どもの世界も大人の世界も同じなのだ。

（肘井千佳）

参考文献

文部科学省（2014）子供に伝えたい自殺予防．https://www.mext.go.jp/component/b_menu/shingi/toushin/__icsFiles/afieldfile/2014/09/10/1351886_02.pdf

福岡県臨床心理士会・窪田由紀編（2020）学校コミュニティへの緊急支援の手引き　第２版．金剛出版．

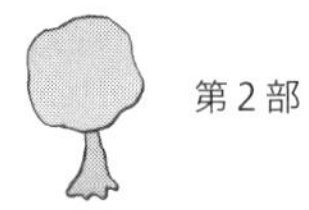



第７章

# 授業プログラムの実際

シャルマ直美

本章では，児童生徒対象の授業プログラムのねらいおよび実際に展開している授業内容と，その進め方を紹介します。北九州市スクールカウンセラー（以下 SC）はワーキンググループのメンバーを中心に，地道ではありますが，学校での実践と検討を重ねてきました。それはまさに，教職員と SC とがそれぞれの専門性を尊重しながら，児童生徒のために力を合わせたプロセスでした。したがってこの章には，この教育に関心の深い教職員や，SC との協働授業に取り組んだ教職員の英知も盛り込まれています。教職員と SC とで作り出した授業の指導案，教材プリント等も付録として掲載しています。児童生徒の，生涯を通じたメンタルヘルスの基礎となる力をつけるために，付録資料も参考になることを願っています。

## １．授業プログラムのねらい

### （1）学習のねらい

筆者らは自殺予防教育の授業で，以下の点を学習のねらいとしています。

1）ストレス対処を含む，メンタルヘルスの維持増進のために必要なことの理解
2）困った時，どうしたらいいか分からない時，悩んだ時などに他者に「援助を求めること」「相談すること」ができる力をつける
3）「援助し合う」良好な他者との関係性を築くスキルの獲得
4）深刻な話を聴いた時は，必ず信頼できる大人に相談することの理解
5）さまざまなピンチをしのぎ，立ち直る力（レジリエンス）を高める

これらのことは，現在の生活においてのみならず，生涯にわたるメンタルヘルスの維持増進と，良好な他者関係の中で社会的存在として生涯を生きる力につながると考えてきました。また，生きていく中で訪れるさまざまな心理的苦境において，それまでに身につけてきた力（高めてきたレジリエンス）を使ってそのピンチをしのぐこと，そして時間の経過とともに立ち直っていく生き方ができるようになることをねらっています。

### （２）自殺予防教育実施に関する基本的な考え方

取り組み当初は，自殺予防教育の必要性については理解されても，授業実施となると「自殺」という言葉への教職員の抵抗感は大きく，当然のことながらハイリスクの児童生徒への配慮の方が先に立って，授業実施の運びになる学校数の割合は，多くはありませんでした。

一方で，SC との協働なしに，自殺予防教育リーフレット『だれにでも，こころが苦しいときがあるから…』を使った授業を実施された学級担任も複数おられました。あえて「保護者にも一緒に考えてほしかった」と，授業参観で取り組まれた学級担任もおられました。

筆者らは，そのような，自殺予防教育に対する深い理解と実践力を兼ね備えた教職員との協働から始めてきました。「できるところから」「無理のない方法で」というのは，この事業の当初から掲げている基本姿勢です。

それは，学校コミュニティの一員としてある SC を活用して事業展開してきたこととも関連があるかもしれません。他機関の外部講師としてではなく，定期的に学校コミュニティに訪れ，学校を理解しようとして存在する（いわゆる「チーム学校」の一員である）SC だからこそ，教職員と協働しやすかったり，実態に合わせ，教育活動全体を通して取り組むことができたりする利点があると感じます。

そして平成 31（2019）年度より現在まで，全市立小学校・中学校・特別支援学校の小学校６年生と中学校２年生を対象に，担任が T1（ティーム・ティーチングにおける主な授業者），SC が T2（ティーム・ティーチングにおける補助的な授業者）で授業を実施するよう北九州市教育委員会が各学校に通知し，報告を求めています。

### （３）「いのちを大切にしよう」（生命尊重）との関係

学校教育においては，道徳的価値として「生命尊重」を伝えたり考えさ

せたりする機会は多いと思います。「いのちを大切にしよう」というメッセージは，どのような場合にも揺らぐことのないものであり，「生命尊重」は，何にもまして優先されるべきことだと考えます。

しかし，このメッセージの大切さ，生命尊重の価値を伝えるだけでは，深刻で重大な危機を乗り切れない場合があることを，私たちは平成 10 (1998) 年以降国内の自殺者数が激増した事実を通して経験しました。社会・経済的背景も含め，その人が置かれている状況や直面している個人的な問題など，自殺には複合的な背景があるからです。

一方，この「いのちを大切にしよう」というメッセージが届いていることこそが,「こころが苦しいときに，どう対処するか」という自殺予防教育の有効性を高めることにつながると考えています。自分と他者のいのちを大切にすることの重要性が信じられているからこそ，もしもそれに反するような言動があれば，当然学校ではさまざまな場面で児童生徒を指導しているし，家庭でも保護者としてはたらきかけをしながら成長を促しています。また，日常的に「生きる」ということに含まれている多種多様な要素や現象を伝えながら，大人もその生き方を子どもたちに見せています。その一環として「こころが苦しいときの対処法の学習」があると思います。そう考えると,「いのちを大切にしよう」というメッセージは，自殺予防教育における重要な前提に他なりません。

また「生命尊重」は，道徳科で指導される内容項目の一つです。小学校１年生から中学校３年生まで積み上げていく「北九州市の自殺予防教育の概観」(図 6-2 参照) に示した通り,「生命尊重」に限らず,「家族愛」「友情」「感謝」といった他者関係の基盤となる感情や考え方も，自殺予防教育の一環として位置づけています。

ただ，自死遺族に対しては「いのちを大切にしよう」というメッセージが「亡くなった家族は，いのちを大切にすることができなかった」という意味で届いてしまう可能性が否めません。このことによって，家族が自らいのちを絶ってしまうという深い悲しみを経験した上に，さらなるこころの傷を負ってしまう可能性があることも，私たちは知っておかなければなりません。十分な配慮が必要です。

それから，死にたい，消えたいと思うぐらい苦しくなっている子どもにとっても「いのちを大切にしよう」というメッセージは，重くこころにのしかかるものとなる可能性があります。「いる意味がない」「いない方が迷

惑をかけなくてすむ」といったこころの状態にある子どもにとっては,「やはりいのちを大切にできないダメな自分」といった自己イメージを強くしてしまうだろうことは，想像に難くありません。

私たちが何気なく口にする「いのちを大切にしよう」というメッセージが包含している複数の意味合いのどれもに，それを受け取るさまざまな子どもの状態を推し測り，配慮をもって自殺予防教育を進めていきたいと思います。

## 2．リーフレットを活用したプログラム

### (1) リーフレットについて

まずは, 平成21（2009）年度に作成（令和4（2021）年度改訂）したリーフレットについて，具体的に説明します（巻末付録資料参照)。

〈リーフレットの内容と特徴〉

- 今の自分のこころの状態を知る（こころの状態は変わることを知る）
- もやもや攻略法（日常的なストレス対処法）について
- ３つのメッセージ
  「だれにでもこころが苦しいときがある」
  「どんなに苦しくても，必ず終わりがある」
  「だれかに相談できる力を持とう」
- 友だちの話の聴き方
- 深刻な悩みを聴いた時にどうしたらよいか
- 児童生徒が利用できる相談先の紹介（身近な人，電話相談，SNS 相談など）

なお，リーフレットには，以下のような特徴があります。

- SC である臨床心理士による企画，編集であること
- 小学校５年生以上で使用できるような内容であること
- フローチャートで「もやもや度チェック」ができるようになっており，手に取った児童生徒が最も興味を示すページから始まっていること
- 「こころの状態」を「もやもや度５段階」で表し，「こころが苦しいときの対処法」をメッセージ性の高い，分かりやすい内容で構成してい

ること

- 日常のストレス対処法を「もやもや攻略法」として紹介していること実際の授業では，この「もやもや攻略法」に焦点を当てた指導がしやすいこと
- 全体的に「自殺」という言葉を使っていないこと
- ３つのメッセージを通して，「誰にでも死にたいほど苦しい時があるかもしれないが，苦しい時にも必ず終わりがあり，周囲の人に話をすること（支援を得ること）で，苦しい気持ちはきっと軽くなる」ということを伝えていること。このように「こころが苦しくなった時のこと」に焦点を当てたメッセージで，「いのちを大切にしよう」というメッセージにしていないこと
- こころが苦しい時，あるいは日常から「話をすること・話を聴くことが大切」だと伝え，傾聴のポイントを分かりやすく伝えていること
- 友だちの深刻な話を聴いたら，必ず信頼できる大人に相談しようというメッセージを入れていること
- 児童生徒が相談可能な，人，場所，機関などを紹介していること
- 授業実施の際に活用していただくための教職員対象の「解説書」も併せて作成したこと

このようなリーフレットを教材として「こころが苦しくなった時の対処について」学習することを，全ての児童生徒を対象に行っています。学校コミュニティを構成する児童生徒も教職員も，そのほとんどが心身の健康度が高いメンバーです。そのような健康度の高い状態の方が，この学習をするのは効果的でしょう。なぜなら，真にこころが苦しい時には本人に気持ちの余裕がなく，なかなかメッセージを受けとめにくい，メッセージが届きにくい状態になるからです。

### (２)リーフレットを使ったプログラム実施の流れ――スクリーニングからフォローアップまで

リーフレットを使った授業は，以下のような流れで行っています。

①当該校配置の SC を講師とした教職員研修
②担任と SC とで，授業実施のための打ち合わせ（内容や流れ，配慮す

　　る点など）
　③授業内容を検討後に，授業前アンケート（心配な児童生徒の把握と対
　　応／スクリーニング）
④担任（T1：主な授業者）・SC（T2：補助的な授業者）とで授業実施
⑤授業後の感想や，児童生徒の観察（フォローアップ）

（3）事前アンケート（スクリーニング）について

　リーフレットを活用したプログラムは，おおむね小学校高学年以上で実施できると考えています。北九州市発行の自殺予防教育リーフレット『だれにでも，こころが苦しいときがあるから…』の内容を伝える際に，一方的な知識伝達授業とならないよう，事前アンケートの集計結果をパワーポイントで示すことにしています。「自分たちの学級」「自分たちの学年」「自分たちの学校」の集計結果が示されることによって，リーフレットの内容がより身近なものとなることをねらっています。

〈事前アンケートの質問項目〉

①学校に行きたくないと思ったことがありますか？　ある場合，どういう時ですか？

　特別な理由ではなく，「眠たい」「疲れている」「面倒くさい」「宿題が終わっていない」「嫌いな給食の日」「テストがある」といった多くの児童生徒に通じる理由が提示されることで，この学習をより身近に感じるようです。

②とてもこころが苦しくなったことがありますか？　ある場合，どういう時ですか

　これまでの筆者らの経験では，小学生でも中学生でも苦しくなったことがある児童生徒数の方が少ない結果になります。ただ，ここで重要なのは「だれにでもこころが苦しい時がある」という点です。「身近な人達の中にも，そのように苦しくなった人がいる」「これまでなかった人も，これからあるかもしれない」という点を伝え，担任の体験談につなぎます。日頃児童生徒の前に立って指導している担任の「こころが苦しかった体験」は，児童生徒の高い関心を呼びますし，説得力があります。加えてリーフレットにあるメッセージの一つである「どんなに苦しくても必ず終わりがある」にもつながります。

③こころが苦しくなった時，だれかに相談しますか？　相談する場合，だれに相談しますか？

これまでの筆者らの経験では，相談する児童生徒の割合は学級によって違いますが，おおむね相談すると答える児童生徒の割合の方が多少高い場合が多いです。しかし，相談する割合が少ない場合でもそれを問題視するのではなく，「相談したことのない人も，試しに相談してみませんか？」といった立場で伝えています。

④こころのもやもやをどのようにして攻略していますか？

もやもや攻略法（ストレス対処法）は児童生徒の素顔や生活が見えるので，結果を読み上げると楽しい雰囲気になることが多く，笑いも出ます。真似してみたい，試してみたい攻略法は学習プリントに書きこむようにしています。いろいろなもやもや攻略法を使って自分の日常生活をより良くする姿勢は，メンタルヘルスの維持増進に役立つものです。

⑤このような学習をすると，よけいにこころが苦しくなりそうですか？

この質問は，授業を安全に行うためのものです。この質問に「はい」と答えた児童生徒については，個別の状況把握が必要だという立場で，SCや担任，養護教諭等が事前に学級のアンケート集計結果のパワーポイントやリーフレットを当該の児童生徒に個別に見せて，学習内容の概容を伝えるようにしています。具体的な学習内容が分かると授業に参加する意思を示すことが多く，児童生徒にとっての安心感につながると思います。もしもどうしても学習に参加できない児童生徒がいる場合は，保健室で過ごすことにしています。また，学校が把握している範囲で自死遺族の子どもがいる場合も，事前に学習内容を伝えた上で，授業参加について本人・保護者と話し合う方が良いと思います。メンタルヘルスに心配がある児童生徒が授業参加に抵抗を示した場合，養護教諭や担任と相談の上，タイミングを図って個別に本人に合った内容を伝えるようにすると良いのではないでしょうか。

このような，この質問に関する対応のプロセスは，授業を受ける児童生徒にとっても，授業を実施する担任やSCにとっても，安心・安全感につながります。言いかえますと，家庭状況も，成育歴も，現在のメンタルヘルスの状態もさまざまな児童生徒が集まっている学校においては，このプロセスを経ることで，共通の教材を使って自殺予防教育の授業を行う準備ができる，ということです。

一般的に，学校の授業というのは，「全員が受けるもの」「受けることが前提」であり，授業内容によって受けるかどうかの思いを拾い上げることは，教職員にとって日常にない視点のようで，初めての経験だとおっしゃった担任もおられました。実際には，このプロセスを経ることで，各授業実施者は安心感をもって授業に取り組むことができています。

〈事前アンケート全体を通して〉

筆者らは，このような質問項目のあるアンケートを実施できる学年，学級であるかの慎重な判断も，重要だと考えています。『子供に伝えたい自殺予防』（文部科学省，2014）でも，事前の個人レベル，学級集団レベルのアセスメントの重要性が指摘されています。プログラムは，あくまで授業の対象である児童生徒のためのものであり，何よりその実態に即したものでなければ，児童生徒の効果的な学習とはなり得ません。アンケートの内容自体も，関係の教職員やSCとで十分に協議の上，実施されることが望ましいでしょう。

### （4）授業実施

表7-1で示した一連のプログラムに基づき，前述のように事前アンケートの内容を児童生徒にフィードバックしながら，北九州市の自殺予防教育リーフレットの内容を伝えたり，相談する体験をさせたりする授業を実施してきました。取り組みの当初は，このような教育内容に関心のある教職員が独自に，あるいは関心のある教職員と当該校配置のSCが協働する形で授業を実施するところからスタートしました。「できるところから」「できることを」「無理のないように」一部の学校や学級の取り組みから始まったものです。

また，自殺予防教育実施に向けての「下地づくり」は，日常の教育活動全体で行われるものです。その下地があって行われるのが自殺予防教育の授業です。「苦しいこころ」について安心して思いを馳せ，自分自身の行動について考えたり，将来にわたるイメージをもったりすることを集団で行える学級や学年であるか，実態を把握し十分に配慮して行われる必要があると思います。

もしも，表7-1で示した一連のプログラムの実施が難しい場合でも，下地づくりを確実に積み重ねたり，教育活動全体を通して自殺予防教育の視点を持って指導したりすることはできると思います。この後紹介する「部分的なプログラム」の内容も，参考にしていただけると幸いです。

「自殺予防教育」は，その形にとらわれる必要のないものだと思います。「自殺予防教育」の視点で児童生徒とかかわったり，メッセージを発したりすることは，今すぐにでもできるでしょう。「生きること」「ピンチをしのいで生き抜くこと」を私たち大人がどうとらえて未来ある児童生徒に伝えていけるのか，「自殺予防教育」においては，大人自身の「人生観」「死生観」「レジリエンス」が問われているとも言えます。

表 7-1　リーフレットを使った授業プログラム

| | |
|---|---|
| 1．事前アンケート結果の提示 | ＊「学校に行きたくないと思ったことがある人」「死にたいと思うくらいこころが苦しくなったことがある人」がどのくらいいたか提示<br>⇒だれにでもこころが苦しくなる時があることを知る（クラスの実態を知る）<br>⇒「担任の体験談」（こころが苦しくなった体験）担任の自己開示によって「先生にもそんな時があったのか」という反応がみられる事<br>＊「あなたのもやもや攻略法は？」<br>⇒自分にあった攻略法を見つけることが大切<br>＊「こころが苦しくなったときは誰かに相談しますか？　それは誰？」<br>⇒「相談する」「友達に話す」ことも攻略法のひとつであることを知る<br>⇒相談することの意義を理解する |
| 2．学習の「めあて」を確認 | 「こころが苦しくなった時にどうしたらいいかを学習しよう」 |
| 3．「こころのもやもや度」チェック | リーフレットを配布し，各自でチェック<br>⇒自分のこころの状態を知り，状態に合わせたメッセージを読む |
| 4．「３つのメッセージ」を学習 | リーフレット３ページ |
| 5．「話の聴き方」を学習 | リーフレット４ページ⇒「聴き方のポイント」 |
| 6．「死にたい，消えたい」と相談されたときの対応を学習 | リーフレット４ページ⇒信頼できる大人に相談することを知る |
| 7．相談できる人・窓口を知る | リーフレット６ページ⇒具体的な相談先を知る |
| 8．まとめ | 感想を記入（事後アンケート） |

### (5) 授業後の感想，観察などによるフォローアップ

回収した授業後の感想や，心配な生徒について日ごろの様子などをもとに，担任だけでなく学年担当教職員や養護教諭など関係教職員とSCとで授業後の様子について協議し，必要だと判断された児童生徒に対しては，SCによる個別面接を実施して事後フォローをすることにしています。

筆者らのこれまでの経験では，この授業を受けたことだけの理由で心理的に不安定になってしまった児童生徒はいません。むしろ，友だちの話を聴き合うロールプレイが，いつもにない体験であり，楽しい雰囲気の中で授業を終わることができています。このような楽しい雰囲気の中で自殺予防教育の授業を終わることができるのも，授業の実施者である教職員の力によるものだと思います。

教職員自身，授業を実施する前と後とでは，この授業に対するイメージが変わり，異動後の学校で自ら授業実施に取り組んだという報告を受けたこともあります。

このような教職員の教師としての経験に関与できることも，SCとして光栄ですし，教職員の考え方や指導に影響を与えることこそ，SCがコミュニティにいる意味とも言えるでしょう。「まずはSCと一緒に授業をしませんか？」と言えるようになるための，SCに対する研修の充実も，授業実践を広げていくために不可欠だと考えます。

可能であれば，授業を含むプログラム全体についての報告を教職員研修や生徒指導委員会等の場で行うことによって，次の展開がしやすくなると思われます。

なお，授業を実施できた場合，学校コミュニティの一員として，児童生徒の将来にわたるメンタルヘルスや適応に予防的にかかわるというSC業務の醍醐味を経験でき，SCにとってその充実感は大きいものです。

### (6)「SCはT1かT2か？」について

現在北九州市では，原則担任がT1（主な授業者）でSCがT2（補助的な授業者）という役割分担にしています。

取り組み当初は，主な授業実施者によって，大きく2つに分けられました。これから取り組みをスタートさせる場合の参考になればと考え，取り組み当初の状況を紹介します。

① SC が T1（主な授業者）となり，学級担任や教科担任など教職員が T2（補助的な授業者）となる方法
②学級担任や教科担任など教職員が T1（主な授業者）となり，SC が T2（補助的な授業者）となる方法

それぞれの特徴を以下に示します。

① SC が T1（主な授業者）となり，学級担任や教科担任など教職員が T2（補助的な授業者）となる方法

教職員の負担が少なく，SC との打ち合わせが十分にできていれば，比較的取り組みやすいと思います。授業内容が通常の授業と違うだけに，補助的な役割で授業を行う教職員にとっては，児童生徒の様子が新鮮に映った，と授業後のアンケートに書いておられる学級担任もおられました。その他には，以下のような感想がありました。

・T1（主な授業者）は負担だが，T2（補助的立場の授業者）は気が楽で，SC の生の声・意見が聞けてよい
・なるほどなあ，と思いながら聞いた
・SC が T1 として進行することで特に負担はなく，改めて考えさせられたことのほうが大きかった
・教科以外の授業を TT（ティーム・ティーチング）で行うのは新鮮。生徒の日頃見られない側面を見ることができた
・事前準備は簡単な作業ではなかったが，生徒のレスポンスを受けて報われた思いがした
・事前アンケートの結果を受けて気になる生徒にあらかじめカウンセリングを実施してもらったことで，不安なく授業を行うことができた
・SC 主導の進行は主旨も上手に伝わり，教員としても参加しやすく，ありがたい

一方で，学級集団を対象に授業を実施することに抵抗を感じる SC もいることが予想されます。また SC は多くの場合，非常勤職であり，限られた時間の中でプログラムを実施しようとすると，プログラムの一連の流れのために，2 カ月ぐらい前から準備に取りかかる場合もあります。アンケ

ート実施から授業当日までも時間的空白が生じ，児童生徒自身がアンケートに何と答えたかを忘れてしまう場合もありました。

しかし，このような状況でも授業が実施できた場合の児童生徒の感想は，本書コラム 10 で紹介する通りです。

加えて SC にとっては，学習内容が「こころの問題」であるだけに，「こころの専門家」として配置校の児童生徒にその存在を周知できる絶好の機会となるでしょう。その後の相談活動につながった例もあり，SC による心理教育（授業）の付加的な効果と言えます。

②学級担任や教科担任など教職員が T1（主な授業者）となり，SC が T2（補助的な授業者）となる方法

取り組みの当初から主な授業者となって授業を実施した教職員には，この教育に対する深い理解とチャレンジ精神を感じました。もともと教職員は，授業のプロであり，児童生徒の実態に合わせ，教材の価値を最大限に生かす指導法により，児童生徒に授業のねらいを学習させることを常に繰り返しています。その日々の営みにおける「教材」が「自殺予防教育リーフレット」となり，「授業のねらい」が「こころが苦しくなった時の対処法を知る」となるわけです。そう考えると，自殺予防教育の授業は，決して特別なことではないと言えます。ただ，これまでの学校教育において「命を大切にする」ということが，何よりも大切な価値ある行動として繰り返し伝えられてきた中で，「こころが苦しくなった時のこと」，とりわけ「自殺」に関しては，あまり取り上げられてこなかった現実があります。

そのような，ある意味一般的でない題材に取り組まれる教職員に，筆者らは当初チャレンジ精神を見る思いでした。そして，授業実施後には，教職員が主な授業者となることの意味について，以下のような意見をいただきました。

- 生徒の実態や状況に応じて，発言を促したり，活動における注意を適宜与えたりすることができる。このような役割は，SC だと難しいだろう
- リーフレットの内容を学級の生徒の実態に結びつけて，学級内のエピソードを交えて伝えたり，既習内容と結びつけて伝えたりすることができる
- 児童生徒にとって身近な教職員自身にも，こころが苦しい体験があっ

たことを伝えることによって，「だれにでもこころが苦しいときがある」「どんなに苦しくても必ず終わりがある」というメッセージが伝わりやすい

・授業後にも，繰り返し授業のことを話題にし，生徒も教職員も一緒にメッセージを思い出すことができた。「あの授業の時にも言ったけど」「あの授業の時に習った聴き方ができたね」など

・教職員が主な授業者となるため，すなわち授業に主体的に取り組むため，授業内容をより深く理解することができ，日常の指導（教育活動）に活かしやすい

筆者らは取り組み当初から，一部の熱心な教職員だけが取り組む特別な「自殺予防教育」ではなく，日常の教育活動全般においてその端々に浸透し，自分自身を追い詰めることなくメンタルヘルスを維持しながら，支え合って生きる生き方を具現化する「自殺予防教育」を目指してきました。

そう考えた時に，教職員が主な授業者となることによって，自殺予防教育のねらいが浸透するプロセスはより確かなものとなると考えます。授業を実施する教職員自身も，自分自身を追い詰めることなく，メンタルヘルスを維持しながら，支え合って生きる生き方を児童生徒に示しつつ，学校全体のメンタルヘルスの維持向上を図っていく原動力となって下さることを期待しています。

## 3．リーフレットを部分的に活用するプログラム

### （1）リーフレットを部分的に活用するプログラム実施の意義

リーフレットの内容全部を使ったプログラムをSCと協働で実施する場合，学校行事や定期考査の予定といった学校の都合，加えて非常勤で限られた時間しか学校を訪問することができないSCの勤務状況を考えると，場合によっては２カ月ぐらい前から準備を始めなければならないこともあります。このことは，学校とSC双方にとって負担となる場合もあり，授業実践を進める中では，リーフレットを部分的に活用するプログラムを実施していく現実的な方法に至らざるを得なかった経緯があります。その他，さまざまな理由によりリーフレットの内容を全て使うプログラムの実施が難しい場合にも，部分的に活用するプログラムがあると，応用を利かせてバラエティに富んだ展開が可能になるのではないかと考えました。

さらに筆者らは，部分的に活用するプログラムであれば，「友だちの話の聴き方」「もやもや攻略法（ストレス対処法）」といった，教職員がその他の時間で実施している授業内容に重なる，あるいは近い内容であるため，リーフレットの内容全てを使うプログラムの授業実施に対して不安を感じている教職員にとっても，その不安感を軽減でき，授業実施につながりやすいのではないかと考えました。

実際，授業を実践する中で分かってきたことですが，リーフレットを部分的に活用するプログラムの内容は「こころの苦しさ」をクローズアップして「こころが苦しくなった時の対処法を学習する」というより，「ストレスの対処法」や，「援助を求める方法（相談すること）」と「援助する方法（友だちの話を聴くこと）」を詳しく学習するということになり，「自殺」や「死にたいぐらい苦しいこころ」を直接的に話題にすることなく，日常のストレス対処の大切さを学習させたり，他者の力を借りながら直面する問題を解決する方法を体験的に学習させたりすることができます。

学習内容が具体的である方が児童生徒の学習活動を組み立てやすい，ということもあって，リーフレットを部分的に活用するプログラムは，学校現場における自殺予防教育の入り口と，その後の展開の可能性を広げるものとして，大いに期待できると考えています。

### （2）ストレス対処を含む，メンタルヘルスについての学習

「ストレスへの対処」は，これまでも養護教諭による保健指導や，保健体育の学習内容として，あるいは小学生の「こころの学習」として，発達段階に応じた指導が行われています。第２章でも示したように，小学校５，６年生から中学校，高等学校の保健，保健体育の教科書ではかなり詳細に取り扱われています。また，「ストレスマネジメント教育」として，SC がストレスの仕組みを伝えたり，リラクセーションの方法を伝えたりすることは，北九州市でも従前より多くの学校で実践されてきたことです。

授業としてだけでなく，養護教諭が発行する「保健だより」や SC が発行する通信においても，「ストレス対処」がテーマとなることは珍しくありません。

また筆者らは，リーフレットの「もやもや度チェック」にあるような項目の一つひとつを「メンタルヘルス」に影響を与えるものと考えています。例えば，「早寝早起き朝ごはん」といった生活習慣や，ゲームやネット・ス

マートフォンへの依存度，うまくいかないことを自分のせいと考えてしまうとらえ方などです。

そこでリーフレットの「もやもや度チェック」の部分だけを指導内容としたり，「ストレス対処の方法」としての「もやもや攻略法」だけを学習したりすることもでき，実際にそのような授業も実施されているところです。メンタルヘルスを意識した日常生活について考えさせることは,「リーフレットを部分的に活用するプログラム」のひとつとして非常に有効だと考えています。

SC が教職員と協働で行うプログラムとしては，そのような日頃の指導内容に加えて，ストレス対処として「相談すること」に焦点を当てたものとしています。

（３）友だちの話の聴き方の体験学習

苦しいこころを受けとめる「友だちの話の聴き方の学習」は,あたたかい他者関係を築き，自身の存在を支える，他者関係になくてはならない「安心感」や「信頼」につながる内容です。児童生徒が学校生活を送る上でも,これから成長して大人になってからでも,他者関係の構築や維持において,非常に重要な内容であると位置づけています。

北九州市で実践している自殺予防教育のメッセージである「だれかに相談できる力をもとう」は，あたたかく聴いてくれる人の存在が前提となります。あたたかく聴いてくれる人がいないと，苦しいこころについて話すことは難しいと思うからです。

そして，これは「スキル（技術)」にとどまらず,「こころを込めて」「相手の気持ちになって」「あたたかい聴き方で」「安心できるようにこころ配りしながら」といった，目に見えない大切なものを取り扱っている学習内容です。

一斉指導においては,

１）実際に友だちの話を聴き合う経験をする
２）友だちの話の聴き方について，ポイントを伝える

といった方法で授業を実施してきました。

「友だちの話を聴き合う経験」では，話す役･聴く役のロールプレイを取

り入れ，役を交代しながら実施しました。ロールプレイを始めた当初は，ロールプレイのきっかけとしていくつかの話題を提示してみました。

・昨日，友だちとけんかになってね……
・呼ばれたくない名前でしつこく呼ばれて，とってもいや（嫌がらせをされて困る）……
・朝から親におこられて……
・高校で友だちができるだろうか？

といったものです。このような話題提示だけでロールプレイを始めることのできる学級もありましたが，その後も実践を繰り返す中で，自由に話したり聴いたりするよりも，児童生徒の発達段階や実態に合ったシナリオを作成した方が児童生徒は台詞そのものに集中できることが分かってきました。日ごろしない聴き方をシナリオ上で経験させたり，こころを楽にする考え方を盛り込んだ台詞を取り入れたりする方が効果的で，取り組みやすいことも分かってきました。また，あくまでシナリオであるために，照れたり，取り組もうとしなかったりする言動にもつながりにくいということも分かりました。

シナリオ作成について，具体的には以下のような工夫をしました。

１）「なんか，元気ないね。どうした？（何かあった？）」から始めている。つまり，聴き手からの配慮あるかかわり方を経験させる
２）「あいづち」や「繰り返し」といった傾聴の姿勢が表れる台詞にして言わせる
３）追い詰められないような，こころを楽にする考え方を台詞にして言わせる

（４）友だちの話を聴いた後の言動について考える学習

この学習は，友だちの話を聴くだけで良い場合もありますが，聴いた後に何らかの問題解決的行動が期待される場合の援助について考えさせる学習です。

「友だちの苦しいこころについて聴いたあと，その話をどうしたら良いだろうか？」というのが，このプログラム実施の問いかけです。架空の状況

を設定し，このような場合に自分ならどうするかを考えさせることが，この授業のねらいとなります。まさに「正解がない」ことを自分なりに考えていく授業です。提示する状況は例えば「『教科書を貸すとなかなか返してくれない友だちがいて，困っている』という相談を受けた後，どうしたらいいか」といったものですが，その詳細については付録④－３に示しています。

状況によっては，道徳的価値の葛藤が起こります。例えば，友だちから「誰にも言わないで」と言われた場合に，その友だちの思いを尊重して誰にも言わないことが，その友だちとの「信頼」にかかわることだし友だちのためだと，まずはそう考えるでしょう。一方でもし誰にも言わなければ，状況は深刻になりそうな問題だとします。そうであれば，解決のために誰かに話す必要があるのではないか，といった葛藤です。そんな中で，友だちの話を聴いた後の言動を考える機会は，非常に現実的であり，児童生徒の日常生活に直結する内容だと言えるでしょう。

この学習の場合に，

①まずは自分ならどうするか，自分の考えをまとめる

その際，考えるきっかけとなるよう，いくつかの対応を例示しました。このような例示はなくても良いと思いますが，考えるプロセスにおいてさまざまな考え方を示すことによって，比較検討の材料になったり，示した状況に現実感を与えたりする場合もあると思います。

②次にグループになって話し合う

グループでは，例示した対応以外のことも話し合われました。２種類の対応をつなぎ合わせて，より実現可能な対応を考えるグループもありました。例えば，付録④－３〈状況設定２〉「『友だちの家にあったゲームソフトを黙ってひとつ持って帰ったけど，自分は警察に捕まるのか？』といった不安を相談される」の状況では，「まずは謝罪の言葉を書いた手紙とともに，ゲームソフトをＣさん宅のポストに入れて返し，翌日Ａさんと一緒にＣさんに直接謝る」といった対応策なども話し合われました。

また，相談する大人として「先生に言う」というグループもあれば「親の方が身近だ」というグループもありました。それを聞いた他のグループが「親は絶対いや」と言ったり，「それならスクールカウンセラーは？」と言ったりするなど，「信頼できる大人」が人によって違うことも実感できたと思います。

そしてこの話し合いのプロセスそのものが「問題解決に向けて相談する経験」となったようで,「相談した方が良いと思った」という感想が多く得られました。

③最後にまた，改めて「自分ならどうするか」の個人的考えをまとめて書く

多くの子どもたちに「一緒に○○しよう」という記述がありました。正解がない学習だけに，自由な発想を保障することによって，「援助を求める」「援助する」模擬体験ができたように感じています。

### （５）「もしも，友だちが死にたいぐらい苦しい気持ちを話した時」についての学習

「もしも，友だちから，死にたいぐらい（消えたいぐらい）絶望的な気持ちでいることを聴いたら，必ず信頼できる大人に話しましょう」という危機対応のメッセージを伝えるようにしています。

これまで実際に起きた事件（子どもの自殺など）の経緯や全容が報告される中で，亡くなった子どもが「死にたい」「消えたい」などのメッセージを友人に発していたことが後で分かる場合がありました。このようなメッセージを受け取った友人である子どもたちは,「そこまで深刻であってほしくない」という願いがはたらくためか，亡くなった子どもの危機のレベルについて「そこまで深刻ではない」と判断し，問題解決にあたることのできる大人への報告をしないまま時間が経ってしまったようです。そして残念ながら苦しんでいた子どもが自ら命を絶ってしまった，という経緯でした。

このような報道に触れ，SC としては,「友人の危機に遭遇した時のこと」を授業で話題にし，児童生徒の危機に遭遇する前に,「このような場合があること」をあらかじめ伝えておきたいと考え，教職員と話し合いながら授業を実施しました。

この授業を実施した担任は，新聞記事を紹介しながら，残念な結果になってしまった（自ら命を絶ってしまった）ことについて考えさせ，自分の考えを学習プリントに書かせました。そして学級の生徒が「友人の危機に遭遇した時に適切な行動をとること」について指導しました。危機にあることをメッセージとして発した子どもの深刻度と，そのメッセージを受け取った子どもの深刻度に「ずれ」が生じた場合に，このような悲しいでき

ごとになってしまうことが考えられます。そのような「ずれ」が生じないよう，危機を危機として大人に伝えてほしいと伝えました。

## ４．授業プログラムのさまざまな展開

### （１）小学生への実施

小学校高学年では，実態に合わせて，リーフレットを使ったプログラムの実施が可能です。

実際に平成 31（2019）年度からは，北九州市の全小学６年生に対して授業を実施しています。

また，低学年から中学年においては，メンタルヘルスの維持増進のために「規則正しい生活」「健康な生活のための生活リズム」「あたたかい友人関係をつくるために」といった内容で授業を実施することができます。逆に，このような中学年までの下地がないと，高学年でプログラムを実施しにくいと考えています。

また，「こころの様子」に着目させる内容として「こころの元気がない時って，どんな時？」「こころの元気がない時って，どんな様子になる？」「こころの元気がない時は，どうしてる？」「こころの元気がない友だちを見つけたら，どうしたらいい？」といった学習を展開することもできるでしょう。

その際に，リーフレットに盛り込まれている内容のエッセンスを，発達段階に応じた言葉を用いて整理し，伝えることもできます。

筆者らは小学生（高学年）対象に，現在のところリーフレットの内容全てを使ったプログラムを実施しています。ただ，北九州市では，良好な対人関係をつくるためのスキルアッププログラム（以下「対人スキルアッププログラム」コラム３参照）が全市の市立学校で展開されつつあり，その中においても「あたたかい他者との関係」は重要な学習内容となっています。対人スキルアッププログラムにおいて低学年では「あったか言葉とチクチク言葉」等，児童の発達段階に合った内容が系統的に用意されています。

したがって，小学校低学年から中学年にかけては，自殺予防教育の下地が作られていくと考え,「こころが健康になる生活のしかた」や「あたたかい他者との関係」「自尊感情を高める」などを目指した指導が大切だと思わ

れます。

（２）学年単位・学校単位での実施

①学年全体での実施

これまで紹介してきたプログラムを，一カ所に集まった学年の生徒を対象に実施しました。

学年の児童生徒を一度に対象とする場合は，SCと学年教職員との十分な打ち合わせが必要だと思います。学年での実施の場合は，SC一人に対して児童生徒の数が多く，当然場所も広いわけですから，児童生徒の様子が把握しづらい状況になります。しかし，だからこそ教職員への事前の研修が大切です。何がポイントとなる授業なのか，授業者の役目は何なのか，SCと教職員はどのような協力や分担が可能か，といった内容で事前に話し合いました。また授業中は，児童生徒の反応を注意深く見守っていただき，教職員の声かけや見守りに助けられながら授業を実施することができました。

②学校全体での実施――外部講師として

このような学習は，本来はできるだけ少人数で，SCが主導的な役割を取るにしろ取らないにしろ，日頃から児童生徒の様子をよく知っている担任教師の下で実施されることが望まれます。

しかしながら，まだ学級単位，学年単位で学校が主体的に取り組むだけの準備ができていない段階で，外部講師として生徒全体を対象とした講演会の依頼を受けることもあります。

生徒の日頃の様子を知らず，配慮を必要とする生徒の抽出やフォローアップに関わることができない外部講師が自殺予防に関わる授業を行うに際しては，以下の点を留意する必要があります。

１）プログラムの構成：全校生徒を一斉に対象とするとなると，話の聴き方についてのロールプレイなどは難しくなり，一方向的な情報伝達中心となります。また，授業時の一人ひとりの生徒の様子を把握することが難しくなるため，自殺そのものに触れることにも若干慎重となる必要が出てきます。

そのような条件下で，少しでも相互交流的に自分の問題として受け止めてもらうために，こころのもやもや度チェック部分を印刷・配布して冒頭に実施し，結果について講師から解説した後，もやもや攻略法について数

分隣の人と話しあう時間を設け，一部の人に発表してもらうなどを試みています。

具体的な流れは以下の通りです。

・こころのもやもや度チェックと解説
・こころのもやもやの要因となる出来事・状況の説明
・もやもや攻略法－隣同士でミニ討議，数名による発表，まとめ
・辛いことが重なると⇒心の危機となることの解説
・相談できる力の素晴らしさ・意義の説明
　でも本当に苦しい時はSOSが出せない⇒周囲が声をかけることの重要性
・話の聴き方の説明（時間が許せば，隣同士でミニロールプレイ）
・友だちの危機への対処法⇒信頼できる大人につなぐこと
・相談先についての情報（必要に応じて地域の相談先情報カード等の配布など）

２）学校との事前打ち合わせ：事前に学校との打ち合わせを行い，生徒の状況と学校のニーズを確認する必要があります。その上で，こちらが考えているプログラムを提示し，具体的な進め方について打ち合わせを行います。

ある学校では打ち合わせ段階で，他者の目を気にする生徒が多いため，全校生徒の前で自分のもやもや攻略法を発表するのは負担が大きいのではという指摘がなされたため，打ち合わせに参加していた教職員を指名して答えて貰うことにしました。また，辛いことが重なると「消えてしまいたくなることもある」という文言を使うことについても危惧する意見が出されたこともあります。本来は，事前の教職員研修を経て十分な合意形成をおこなった上で進めるべきなのですが，そのような条件が整わない中で実施する場合には，少なくとも事前打ち合わせには十分時間をかけ，一つひとつの内容についてその意味・必要性について関係教員の理解を得なければなりません。当然ながら教職員が不安に感じる部分は，修正して臨むことも必要となってきます。

３）事前・事後アンケート等の実施とそれに基づく対応の依頼：事前アンケート（付録③－２参照）を実施し，その結果や日頃の様子から気にな

る生徒については，できるだけ個別に話を聴き，授業（講演）への参加の方法について前もって検討していただくように依頼します。また，事後アンケートの内容から配慮を要すると思われる生徒については，必要に応じて SC に繋ぐなど，フォローアップの体制を準備いただくように伝えます。現実的には，抽出したとしても個別に話を聴く時間的余裕がない等の理由で，筆者が経験した例では事前アンケートは実施されませんでしたが，日頃から気になる生徒への対応について前もって話し合う意味を伝えることは重要です。

このように全校生徒を対象とした取り組みには慎重な配慮が求められ，場合によっては伝える内容が一部に限られるようなこともありますが，それでも学校から依頼があった場合には最大限の工夫をして少しでも多くの子どもたちにメッセージと届けたいと思っています。

### （3）授業プログラムのさまざまな展開に向けて

このように，授業プログラムは対象者の発達段階，対象者の人数，実施者（実施者と対象者の関係）によって，プログラム内容や実施形態が異なってきます。発達段階が低い程，また人数が多い程，援助希求的な態度の養成に力点を置くことになるでしょう。中学生，高校生となるにつれて，危機の際の相談相手が圧倒的に友人となっていくことから，友人の危機への対処について伝えることがより重要となってきます。また，第1部第3章でも触れたように，中学校の公民的分野や高校の公民（現代社会）で現代社会の問題の一つとして自殺を取り上げることは十分可能であり，うまく繋げることでプログラムをより深めることができると考えられます。

また，学級単位では話の聴き方のロールプレイやグループ討議で体験的な学習を行う機会が設けやすいですが，学年，学校単位となると講話形式が中心となりがちです。可能な限りワークシートへの記入やグループワークを導入するなどして，生徒同士の交流を行い体験的理解を進める工夫が求められます。

前項で触れたように，外部講師が行う場合には，事前事後の学校との協議が非常に重要な意味を持ってきます。

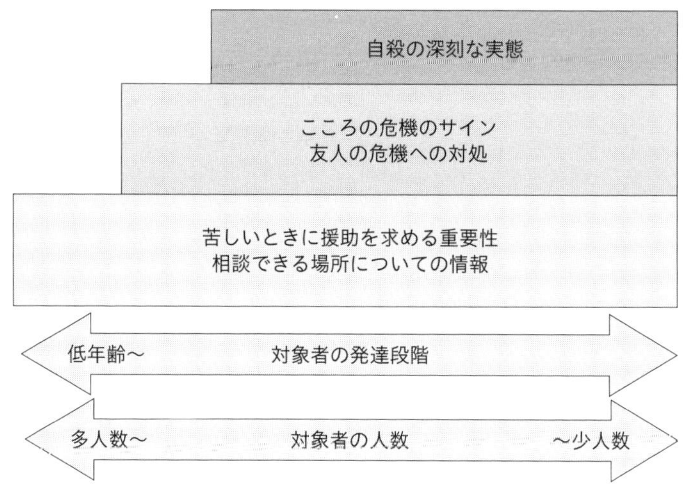


図 7-3　授業プログラムのさまざまな展開

### （4）その他の教材を使って

#### ①「四本の木」

教職員研修の内容で紹介しましたように，筆者らは「レジリエンス（ピンチをしのぐ力）」を高めることを「自殺予防教育」の大切な柱としています。

レジリエンスは，日常生活の送り方や自分を取り巻くさまざまなことへの向き合い方，問題との距離の置き方や流し方，他者関係や自尊感情といった生き方を支えるものを，多様な経験を通して身につけていくことによって高まると考えます。当然，もともとの性格や考え方の違いもありますし，レジリエンスをテーマとした特設授業で学習すると高まるものでもないと思います。日常生活の中で感じ取り，学び取り，経験し，身につけていくものだと考えています。

筆者らは，「援助希求力」もレジリエンスの一つとして位置づけています。

『イラスト版子どものレジリエンス　元気・しなやか・へこたれない心を育てる 56 のワーク』（レジリエンス研究会・上島博著，合同出版，2016）の「四本の木」の学習は，北九州市で多く実践されているものです。四本の木に生き方を重ねて考える教材です。

## 「四本の木の生き方に学ぼう」　年　組　名前

むかしむかしのお話。

丘の上に一樹という名の一本の木が立っていました。
ある夜、はげしいあらしが吹き荒れました。
朝になると、一樹は幹からぽきりと折れていました。

それを見ていた三本の子ども、大樹（だいき）、優樹（ゆうき）、友樹（ともき）は、考えました。
どうしたら、あらしが吹き荒れても生き残ることができるだろうか……。

大樹は、根を深くのばし、幹を太くして丈夫な木に育ちました。
どんな強い風が吹いても、大樹はびくともしませんでした。

優樹は、やわらかい枝、細い葉をしなやかにのばしました。
強い風に、優樹の枝は大きくゆさぶられましたが、風が去った後、
優樹はまた元のように静かに立っていました。

友樹は、鳥にたのんで、いろんな木の種を自分のまわりに落としてもらいました。
種はやがて芽吹き、いろんな木がともに生きる森ができました。
あらしは森にも吹き荒れましたが、身を寄せ合って風にたえた木々は、一本もたおれませんでした。

さて、幹からおれた一樹はどうなったでしょうか？
折れた幹と、その幹にあった枝と葉は枯れて、土になっていきました。
でも、残った株をよく見ると……、あれあれ、小さな芽が出ています。
小さいけれど、みずみずしく生気に満ちた、新しい一樹の誕生です。

大樹

優樹

**１．好きな木の名前と、その理由を書きましょう。**

| 好きな木の名前 | 理由 |
|---|---|
| | |

**２．１で書いたことについて話し合いましょう。**（班で、同じ木が好きな人と、違う木が好きな人と、など）

**３．友だちの話を聞いて、心に残ったことや言葉を書きましょう。**

**４．最後に、好きな木の名前とその理由を、自分の経験と照らし合わせながら具体的に書きましょう。**

| 好きな木の名前 | 理由 |
|---|---|
| | |
| | |
| | |

図 7-4 「四本の木」学習プリント

※本教材に使用した「四本の木」のイラストは，原著者の上島博さんの許可をいただいています。

②絵本『りんごがたべたいねずみくん』（作・なかえよしを／絵・上野紀子，ポプラ社，1975年）

木に生っているりんごがたべたいのに，りんごを取ることができなくてしょんぼりしているねずみに，通りかかったあしかが力を貸したことによって，ねずみがりんごを食べることができた話です。あしかはねずみに「ねずみくん，いったいどうしたの？」と声をかけ，ねずみはあしかに自分自身のうまくいかないところを打ち明けます。それを聞いたあしかのアイディアにより，二人で力を合わせてりんごをとることができた，という展開になっています。

【ねずみのいいところ・すてきなところ】【あしかのいいところ・すてきなところ】について自由に話し合いながら，気づきを深めていく学習を展開することができます。

（5）特別支援学校（知的障害）において

学級や個人の実態に応じて，①「四本の木」や②「りんごがたべたいねずみくん」を使って学習することもできると思います。

北九州市の特別支援学校（知的障害）においては，「自分に合ったストレス対処の方法を知る」「友だちの話の聴き方をシナリオを使って学習する」「あたたかい対人関係のためのコミュニケーションスキルを学習する」といった内容を，教職員（T1：主な授業者），SC（T2：補助的な授業者）で実践しています。掲示物を工夫したり，他の児童生徒の前でシナリオを読み合ったり，いろいろな先生方のストレス対処法や体験を話したりして，児童生徒が関心をもてるよう工夫しながら実践しています。

コラム６

# 身近な人の自殺を経験した子どもへの対応

身近な人の自殺を経験した人が置かれた状況はさまざまで，必要な支援もさまざまです。

必ずしも全員が「助けが必要な人」というわけではありませんが，遺された人（特に家族）のサポートとして，自助グループが有効な場合があります。各自治体では，精神保健福祉センター等の主催で，家族を自殺（自死）で亡くされた遺族が出会い，安心して，お互いに語り合う「わかちあいの会」が実施されていることが多いと思います。ホームページ等で確認して問い合わせてみてください。

また，「あしなが育英会」(https://www.ashinaga.org/) では，自殺で家族を亡くした子ども（自死遺児）に対し，支援（奨学金の支給やこころのケアなど）を行っています。

東日本大震災を契機として，死別を経験した子どものサポートを目的とした支援活動が，NPO 法人などにより各地で広まっています。それらの多くは死因を限定せずにサポートを行っている場合も多いため，地域の資源の一つとして，広く情報収集しておくとよいでしょう。子どもの場合，死因が「自殺」であると知らされていないことも多いため，その点でも，このようなサポートは有効です。

家族（たとえば父親）が自殺で亡くなった場合，遺された家族（たとえば母親）自身は当然ながら精神的に大きな打撃を受けるのみならず，その後の家族の生活の維持に追われて，子どもの状態に十分気を配る余裕を持てないことは少なくありません。そのような状況の中で，子ども自身が家族（たとえば母親）に心配をかけまいと，元気に振る舞うことは稀ではありません。数年後，ようやく家族が落ち着いたところで，不適応を呈することがあることも指摘されています。そのため，子どもたちが安心して自分のペースでその時々に応じて自分の気持ちを表現する機会を保障することが大切です。学校では，教職員が子どもの様子を注意深く見守りながら，

必要な配慮をすることが必要となります。SCも含めて関係教職員で相談しながら対応する体制を準備してください。直接的な心のケアや支援でなくとも，学校として可能な範囲内でできることを考えるとよいでしょう。たとえ短時間でも話を聞く場や安心して過ごせる場を提供すること，あるいはそのような対応を検討できることを子どもや家族に伝えることは有用な働きかけですし，校外のサポート機関の情報を収集し必要に応じて伝えていくこともまた，重要な支援のひとつです。特別扱いしすぎることなく，学校という組織の中で日常生活においてできるサポートについて，子どもや保護者の希望を聞きながらいっしょに考え，具体的に提案するような対応が望まれます。

なお，自殺予防に関する授業実施を躊躇する教職員の中には，自死遺族である子どもへの影響を懸念しておられる方が少なくありません。状況によってどのような対応が必要であるかは異なりますが，事前に授業の内容について保護者に伝えて理解を求めるとともに，子ども本人の状態や保護者の意向を尊重して，参加するかどうかも含めて授業への参加のあり方を検討することが大切です。

コラム執筆にあたっては，『自死・自殺の表現に関するガイドライン』（NPO法人全国自死遺族総合支援センター）を参考に，「自死」と「自殺」の2つの表現を使い分けました。

（長﨑明子）

コラム7

# スクールカウンセラーと教職員が協働する自殺予防教育の授業実践を通して

私はスクールカウンセラー（以下，SC）として北九州市の自殺予防教育に携わっており，「だれにでもこころが苦しいときがある」「どんなに苦しくても必ず終わりがある」「誰かに相談できる力を持とう」という3つのメッセージを伝える授業,「ピンチをしのぎ立ち直る力」を育むことにつながる授業を教職員と協働しておこなっています。SCとしては，どうしても危機対応（インターベンション）としてハイリスクな児童生徒にかかわることが多い状況の中で，未然防止（プリベンション）である自殺予防の授業を通してすべての児童生徒へ大切なメッセージを伝える機会があることに，とても大切な意義を感じながら取り組んでいます。

小学6年生・中学2年生対象の自殺予防教育の授業が開始された当初(2018年）は，学校で打ち合わせをする際，学校側のニーズをうかがっても「(SCに）お任せします」という声が多かったように思います。しかし，最近では授業を通して「こういったことを子どもたちに伝えたい」「子どもたちに考えてほしい」など教職員からニーズが出てくることが多くなりました。このニーズが出てくる状況をとてもうれしいと感じていますし，そのニーズを取り入れるためにどのような授業内容にするのか（標準となっているプログラムの一部変更など）を学年の教職員と検討することにSCとしてやりがいを感じます。私もSCとして伝えたいメッセージからははずれないように，そして授業のプロである先生方から活動内容を検討してもらい,「この子たちが困難に直面した時に助けになってくれれば」という想いを共有しながら，まさに協働して作り上げています。この自殺予防教育の授業へ対する教職員の反応の変化というのは，毎年行われている教職員研修や自殺予防教育の授業などを通して，3つのメッセージや，ピンチをしのぎ立ち直る力を育むという視点がしっかりと根付いているのだと思います。SCとして教職員研修をおこなうことへのモチベーションにもつ

ながっています。

子どもたちへ対して援助希求性を高める働きかけをしている以上，私たち大人は子どもたちが安心してSOSを出すことができる環境を作っていかなければならないと強く思っています。これまで自殺予防教育で伝え続けているメッセージが子どもたちに届き，そして子どもたちが出してくれたSOS。そのSOSをしっかりと受け止めなければならない。子どもたちがSOSを出しても安心・安全な環境作りにSCとしてどうやって寄与できるのかをこれからもSCとして，またひとりの大人として考えていきたいです。個人的には保護者など家庭への働きかけも今後自殺予防教育の取り組みとして展開していけるとよいなと考えています。

自分も大事にしつつ，まわりの人も大事にする，困ったときは安心してSOSを出すことができる，人とのつながりを感じることができる，そんなあたたかくて優しい世の中になること，自ら命を絶つという選択肢を選ぶ人がいなくなる世の中になることを願ってこれからも自殺予防教育に取り組んでいきたいと思います。

（奥いづみ）

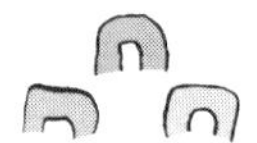

コラム８

# 授業を実践した中学校教諭から

年度代わりの１学期には，学級内のメンバーや担任・教科担当の顔ぶれが変わることで，学級の雰囲気が変わったり，交友関係に変化が起こりやすかったりします。その変化に心が追いつかず，「心に『ピンチ』を抱える」生徒が，生活アンケートや教育相談などによって把握できている件数以上に多いであろうと，教職生活が長くなるにつれて危惧を抱くようになりました。

困っていることはあるけれど，相談することが苦手で，誰にも話せずに独りで抱え込んでしまう「心に『ピンチ』を抱える」生徒へ，どのような形で関わりをもち，どのようにして一人ひとりに「自らの力で『ピンチをしのぐ力』を身に付けさせていく」かが，教育活動にあたっての私の課題となっています。そして，お互いに「心に『ピンチ』を抱える」友達の存在を認識できる力，独りにせず，お互いに小さな気づきから声かけができる学年集団の形成を目指すようになりました。そこで，「一人ひとりを大切に，一つひとつを丁寧に」という指導理念の下，３年間を通して毎年度の１学期に，リーフレット「だれにでも，こころが苦しいときがあるから…」（北九州市作成）を活用して，スクールカウンセラー（以下 SC）と授業者との連携を図りながらの自殺予防教育を「総合的な学習の時間」に位置づけることにしました。

実践にあたっては，授業者を T1（主な授業者），SC を T2（補助的な授業者）として大きく２つに役割分担をしました。

SC には，個々の生徒がもつさまざまな意見や思いを見える化するために，事前アンケートを作成し，各学級のアンケート結果から，パワーポイントにまとめることを主に担当していただきました。授業者は SC 作成のパワーポイントを使用して授業を行い，生徒同士で意見を共有させながらグループワークを進めさせました。その際，授業者から一方的な価値観の押し付けはせず，生徒同士で意見交流が進められるように注意を払いまし

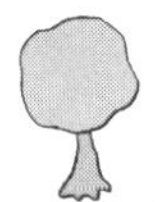


た。最後に，意見交流が進み，話題の方向性がまとまってきたところで，SCから意見交流をしているときの様子の感想や，授業内容の核心にふれる話を伝えてもらうようにしました。そうすることで，すでに「心に『ピンチ』を抱えている」生徒から，「授業を受けたことで安心感を得られた」「お互いの“苦手”を認め合うことの大切さに気づいた」「心の中に抱いていた『孤独感』が『安心感』に変わった」などの話がでたり，学習プリントに同様の記述が見られたりするようになりました。また，リーフレットとパワーポイントとを併用したことで，グループワークが苦手な生徒でも他者の意見を視覚的に理解しやすくなり，友達の「ピンチ」をしのぐ取り組みに興味を抱いた生徒も見られるようになりました。

リーフレットを併用することのよさは，

- 自分も含めて誰もが「心に『ピンチ』を抱える」可能性があること
- 「心に『ピンチ』を抱える」自分への対処法を知ること
- 「心に『ピンチ』を抱える」友達からの話の聴き方を知ること
- 家族や友人以外にも相談できる機関があること
- 複数回使用することで，学習の内容や自分の考えを想起させやすいこと

などが挙げられます。授業展開においては，グループワークを重視することで，教師も生徒と共に考えることができ，特に生徒は自分と異なる考え方を知ることで，周りにいる人の心の動きに対する見方・考え方の幅を広げたり，深めたりするきっかけづくりにもなりました。

さらに，自殺予防教育と「北九州子どもつながりプログラム」（北九州市作成）とを併せて実践することで，お互いの「苦手」を認め合い，自他ともに困難な状況に直面した際にも，自ら判断して「大人につなぐ」意識が向上してきたように感じています。

３年間を通してのテーマ設定と主な内容とを表8-1のようにまとめました。

１年生では，授業者の体験談を交えて，登校するときの気持ちや，心が苦しくなった経験について表出させることで，誰にでも心が苦しくなるときがあり，未だ経験がない人でもこれから苦しくなる場合があることを共有させています。ここでは，授業者の体験談も交えるようにしています。

表 8-1　3年間を通してのテーマ設定

| | テーマ | 主な内容 |
|---|---|---|
| 1年生 | 自分の気持ちと向き合い，考えを整理する時間 | 「自らの力で『ピンチをしのぐ』とは何だと思いますか？<br>・リーフレットの紹介をする<br>・「自らの力で『ピンチ』をしのぐ力」という言葉の説明をする |
| 2年生 | 「独り」ではなく，「他者」との関わりをもつ必要性を考える時間 | 改めて「自らの力で『ピンチ』をしのぐ力」とは何かについて考えてみましょう。<br>・「自らの力で『ピンチ』をしのぐ力」という言葉を再確認させる<br>・誰かに「相談すること」「話すこと」の効果を説明する<br>・リーフレットを活用して，<br>以前の自分の考えと今の自分の考えを比べる |
| 3年生 | 自他ともに支え合うことの大切さを知る時間 | 「心に『ピンチ』を抱える」友達を助けるには，どうしたらいいでしょうか？<br>・自分の言葉で「自らの力で『ピンチ』をしのぐ力」とは何かを説明させる<br>・「孤独感」を感じた経験を想起させる<br>・「孤独感」を感じた友達を発見する必要性を考えさせる<br>・「孤独感」を感じた友達への声かけの仕方を考えさせる<br>生涯にわたって「自らの力で『ピンチ』をしのぐ力」について考えられるようになりましょう。<br>・この先「孤独感」を感じたときの対処法について考えさせる<br>・リーフレットを活用して，３年間の学習の振り返りをさせる |

２年生では，１年生の時と同じ内容について考えさせることに加え，友達との意見交流を通して，自分の考えを整理する場を設定しています。また，自分自身と他者との考えを比較させて，「自らの力で『ピンチ』をしのぐ力」には，さまざまな方法があることを実感させています。そうすることで,「他者がもっている考えを実践してみたい」という想いを抱く生徒も多数見られるようになりました。

３年生では，前後半の２部構成で授業を展開しました。前半部では読み物資料を，後半部では，リーフレットを使用しています。前半部では，数

人でグループを組み，ロールプレイングによる実践練習を通して，「心に『ピンチ』を抱える」友達を発見した際に，自分はどのように行動できるのかを考えさせています。生徒の中には，言葉を選びながら声かけする難しさを感じる反面，「自らの力で『ピンチ』を抱える」立場になると，声かけされる安心感を覚えた生徒もいました。相手の気持ちを考えて言葉を選ぶことで自然と，「自分だったら，こうしてほしいな」という想いから行動する生徒も見られました。後半部では，年齢を重ねるにつれて自身の興味・関心が変化し，「自らの力で『ピンチ』をしのぐ力」（ストレスの解消法を含む）も変化していくと気づいた生徒がいました。後半部の最後で，生涯にわたって「自らの力で『ピンチ』をしのぐ力」について考えられるように，生徒の言葉から，その重要性を語るようにしています。

「心に『ピンチ』を抱える」友達の存在を知ることで，独りにせず，小さな気づきから声かけする大切さに気づいた生徒も多く見られるようになり，目指す学年集団の姿へと成長していることを実感しています。３年間を通して，自殺予防教育を「自らの力で『ピンチ』をしのぐ力」について考える場としたことで，これから直面するであろう何らかの「ピンチ」に備え，自身を守り，目の前にある「ピンチ」という壁を乗り越えながら前進するための力を培う，かけがえのない時間にすることができています。また，SC と授業者との連携を図ることで，より効果的な授業を実践することができ，多様な背景をもつ生徒への支援について，「一人ひとりを大切に，一つひとつを丁寧に」という指導理念の実現と自身の成長も実感できています。

（重藤宏彰）

コラム９

# 授業を実践した小学校教諭から

ある学級の担任をしているときに，さまざまな背景を抱え込み，自傷行為を繰り返す児童と出会いました。決まった理由があるというよりは何か嫌なことがあったときに，自傷行為に走るようでした。養護教諭を交え，本人や保護者と話し合うこともありましたが好転しないままでした。

そんな中，自殺予防教育として「四本の木の生き方に学ぼう」という学習をしました。

この教材は，ピンチをしのぐにはさまざまな方法があるという内容です。学習後に，この児童の振り返りを読むと，「家族や友達，学校のことで何かあると，心が苦しくなっていた。その苦しさを消すために，ついつい自傷行為を繰り返してしまっていた。でも，強い風が吹いても折れない柔らかい木や友達と固まって折れないようにする木などの考えがあることを知ると，なんだか心が軽くなった気がする」と書いてありました。

後日，その子がこんなことを伝えてくれました。

「嫌なことがあっても，友達に相談して，自傷行為を思い留まることができた」

この学習でこの子の状況が一変したわけではないのですが，少しでも思い留まれるようになったのは，「大きな一歩」だと考えました。身の回りで，苦しんでいる子ども達の気持ちを少しでも軽くできると考えると，今回のような学習を１回で終わらせずに，継続して行うべきだと感じました。

また，スクールカウンセラーと一緒に学習することで，子ども達も敷居が低くなったのか，相談に行く回数が増えました。こうやって，担任だけではなく，多くの大人と触れ合う機会が増えることが，「自殺予防」につながると考えました。

（荒岡悠太）

コラム 10

# 児童生徒の授業後の感想から

【小学 6 年生】

・親に話すだけでなく，愛犬やお気に入りの人形に話すのもいいと思った。相手は反応しないけど，自分でこう思ってるのかなと考えると，少し楽になりそうと思った。
・（シナリオの）A と B の文章を読んだだけなのに, 少しだけ心が軽くなった気がしました。そして，一人で悩むのは良くないと思いました。
・悩んでいる人がいたら，やさしく声をかけたらいいことが分かりました。
・話を聴いてもらったら，心が軽くなって，これからも友達や家族に相談してみようと思いました。
・アドバイスより，相手に合わせてよりそってあげることが大切なんだと思った。
・気持ちがスッとした。
・自分も相手と同じ気持ちになって話を聴くことが大切だと思いました。
・今日，この勉強をして，みんな心が苦しくなった時は，お母さんやお父さんなどに相談していたり，好きなことをしたりするってすごいなと思いました。自分は，とにかく泣いてもやもやをかいしょうしているけど，また今度からノートに書いたりしていこうと思いました。
・今回，自分の心のことや相談する大切さを知れました。そして自分がモヤモヤしたときの攻略法や自分のモヤモヤ度について知れてよかったです。これから，今日学んだことを活かしてがんばりたいです。
・私も友だちがかってに帰ったりして「自分なんかいなくなればいいんだ！」と消えてしまいたいと思っていたころはあったけど，自分なりのストレス発散をしてスッキリした。また最近はすごくストレスがたまっているから，しっかりとストレス発散をしたいと思いました。
・私も家族でもやもやすることが多いけど，攻略法をたくさん知れたの

で家族の人に話します。特にお姉ちゃんがすごく苦しんでいることが多いので，勉強できてよかったです。

- こころがもやもやしてもうやだーってなったときの攻略法とか，友達とか親とかに相談する方法とかが改めてよく分かりました。この授業をしてもらってよかったです。
- 今日の学習があったから，少し気持ちが楽になった気がします。私は「自分で悩んで行動して，解決して」というやり方がいいと思っていたけど，人に話すことも「大事だなー」と思いました。
- 傾聴をするときに，相手の目をみながらゆっくり話していると，自分のことのように考えることができました。また，なやんでいる人に自分から声をかけて心からわかちあえる友達になりたいです。これからしっかり親や友達に話したり話されたりして，ストレスのたまらない，みんなが楽しく過ごせる社会にしたいです。

【中学2年生】

- 自分も，自分で心のケアをできるように，いろいろな解決法を試していきたいなと思った。心が疲れている人には，解決法を言うよりも，その人の言っていることを聞いて，心に寄り添ってあげることが大事だと知った。
- 人は必ず落ちこむ時や辛い時があると思います。私もありました。でもいつも味方でいてくれたのは母でした。人それぞれ考えはありますが，いつもうなずいて，ポジティブに考えてくれました。この学習で分かったのが，いつも自分には味方がいてくれるということです。味方がいてくれるだけで大きく変わることに気付きました。
- 「なんか，元気ないね？　どうしたん？」と言って，友だちの，いつもと違う様子に気付ける人になりたいです。心の相談だけでなく，他の相談ものったりのられたりしてお互いを支え合える関係になれるといいです。
- 苦しい時は誰にでもあって，そういう時に相談をすることがとても大切だと，今日改めて分かった。自分も話したり話されたりするような人間になりたいと思った。
- 心がつらい時は誰でもいいので相談することが大切なんだと分かりました。もしつらくなったとしても，みんなあることなんだと自分をあ

まり責めずに，逃げたりもしながら，気軽に生きていきたいです。

・心がものすごく苦しくなったら，もう逃げようと思った。ちょっとは考えることを止めようかなと思った。アドバイスは，相手に教えてと言われた時だけ言おうと思った。
・もし，心が苦しくて誰かに相談する場合，相談相手の話の聴き方によって，自分の心がそのままになったり，良くなったりすると思いました。
・生きていくなかで，とても大切なことを教えてもらったな，と思いました。どんなにつらいことがあっても，それが一生，ずっと終わらないことはないということを教えてくれたことに，今悩みがある人が，少し心が軽くなったと思います。とても大事なことを教えてくれて感謝です。
・話を聴いてくれる人をたくさん増やすことで，自分の気持ちが上向きになるのではないかと思いました。
・心が苦しくなった時の対処法がたくさんあった。心が苦しくなったら，誰かに相談することで，自分自身の気持ちが楽になるから，これからは相談したい。
・相談のしかたなどを学習することで，もっと前向きな気持ちになれた。
・僕は今まで人と話すことで，悩みを少し忘れられたり，少し心が軽くなったりと，たくさん人に助けられてきたんだと思った。だから今度からは僕も人の話を傾聴でき，人の心を軽くできるような人になりたいと思いました。
・心が苦しくなった時，どうすればいいかが分かった。何かを相談されたらしっかり傾聴して話を聴くことが大切だと分かった。辛くなったら，誰かに相談してみたい。
・人の話を聴く能力が上がったと思う。

（シャルマ直美）

# むすび

2016年に上梓した本書の改訂版をこのような形でまとめることができたのは，多くの方々のおかげにほかなりません。

北九州市の自殺予防教育は，第5章にも記したように，北九州市教育委員会と北九州市立精神保健福祉センター，福岡県臨床心理士会（SC）の三者の協働の中で進められてきました。始まりはわが国の自殺対策が緒についた平成20(2008)年の段階ではまだほとんど目を向けられることのなかった子どもの自殺予防に着目した，当時の精神保健福祉センター所長の三井敏子先生のご慧眼です。そして，当初のご依頼は啓発用資料といったイメージであったものを，協議の中で教材として自殺予防教育の授業実施に繋げようというアイデアに広がっていきました。その後の三者協働でのさまざまな人々を対象にした地道な研修の積み重ねを経て，平成26（2014）年度からは，市内の全小中特別支援学校で当該校SCが教職員研修を実施し，平成30（2018）年度からは小学校6年生，中学校2年生を対象に担任とSCがティームティーチングで授業する体制が整いました。これは，担当者の交代を経ても，国の施策とも関連づけつつ全面的にバックアップしてくださった精神保健福祉センターの皆さん，市全体としての取り組みへと繋げてくださった教育委員会の方々や積極的に学校で取り入れてくださった現場の教職員の皆さんのお力の賜物です。また，今回も数名の方にコラムを執筆いただきましたが，平成25（2013）年度に北九州市SC部会の中に設置された自殺予防教育ワーキンググループの皆さんが，新しいメンバーを加えながら，研修プログラムや授業プログラムの開発などに精力的に取り組み続けてくださっていることで，本市のすべての子どもたちに安全かつ効果的にメッセージを届けることが可能になっていることにも改めてお礼申し上げます。

リーフレットには，作成の途上で中心メンバーの一人がSC先で相談に訪れた生徒さんに意見をいただいたことも含めて，多くの皆さんの知恵と思いが詰まっています。そして，リーフレットを用いた授業実施の過程で，授業を共にした先生方と児童生徒の皆さんからいただいた何気ない一言やご意見・ご感想がさまざまな工夫とアイデアを生み発展し続けています。

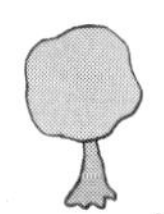



お一人おひとりのお名前を挙げることはできませんが，プログラムは関わってくださった先生方，児童生徒の皆さんとの共同作品であるといっても過言ではありません。改めて，お礼を申し上げます。今回，精神保健福祉センターのホームページへの掲載が叶ったこともとてもありがたく思っています。

また，あんしんプロダクトの田中まりさんのイラストなしには，このリーフレットを語ることはできません。本書にも表紙を含めて，さまざまなところに温かく優しい田中さんのイラストをちりばめさせていただいています。自殺予防という重たいテーマをかくも身近でとっつきやすい形で描いてくださった田中さんのお力には心より敬服しています。最近，北九州市のさらなる自殺対策の一つとして始まった高校生，大学生対象の自殺予防教育の折に，本市出身の参加者からこれらのイラストを明確に記憶しているという声が上がったという嬉しい話も聞きました。

初版が世に出た 2016 年以降も，子どもの自殺の深刻な状況は続いており，第 1 章に記載したように国としてもさまざまな取り組みが重ねられてきています。直近の「こどもの自殺対策緊急強化プラン」（こども家庭庁，2023）においても，取り組むべき施策の一つとして自殺予防に資する教育や普及啓発等が掲げられ，具体的には「『SOS の出し方に関する教育』をすべての児童生徒が年 1 回受けられるように全国の教育委員会等に周知する」と記載されています。

そのような流れの中で，教育委員会関係者や各学校の先生方，SC の皆さんがそれぞれの地域に即した実施体制を整え，授業を展開していかれる上で，本書が少しでもお役に立てるならこんな嬉しいことはありません。

遠見書房の山内氏は初版出版時から快く企画を受け入れてくださっただけではなく，いつもながら温かくも鋭い指摘で本書を形にすることにご尽力いただきました。改訂版の担当編集者の塩澤明子様は丁寧に原稿をご確認いただき，整えていただきました。記して改めてお礼申し上げます。

令和 6（2024）年 6 月　子どもたちの笑顔あふれる未来を祈りつつ

編者を代表して　窪田由紀

# 付　録

P／パワーポイント（Microsoft PowerPoint）資料　W／ワード（Microsoft Word）資料　PDF／PDF（Portable Document Format）資料

P　付録①－1　SC が行う教職員研修
W　付録①－2　SC が行う教職員研修【児童の話を聴くシナリオ（小学校版）】
W　付録①－3　SC が行う教職員研修【生徒の話を聴くシナリオ（中学校版）】

P　付録②－1　SC 研修資料

W　付録③－1　リーフレットを活用した授業指導案
W　付録③－2　事前アンケート
P　付録③－3　授業で提示する事前アンケートの集計パワーポイント
W　付録③－4　リーフレット学習プリント（小学校）
W　付録③－5　リーフレット学習プリント（中学校）
P　付録③－6　リーフレットを活用した授業全体のパワーポイント

W　付録④－1　リーフレットを部分的に活用するプログラム指導案
W　付録④－2　相談された後の言動について考える学習指導案
W　付録④－3　相談された後の学習プリント

W　付録⑤－1　レジリエンスを高める教材「四本の木」学習指導案
W　付録⑤－2　「四本の木」学習プリント

PDF　付録⑥－1　自殺予防教育リーフレット「だれにでも，こころが苦しいときがあるから……」

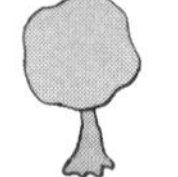



付録①－1

# SC が行う教職員研修

いつもスクールカウンセラー業務にご協力いただき，ありがとうございます。

予防的心理教育へのご理解に対して，心より感謝します。

平成 26（2014）年度から毎年行っている研修ではありますが今回も，最新の統計資料と，これまでの研修になかった新しい内容を加えてお話させていただきます。

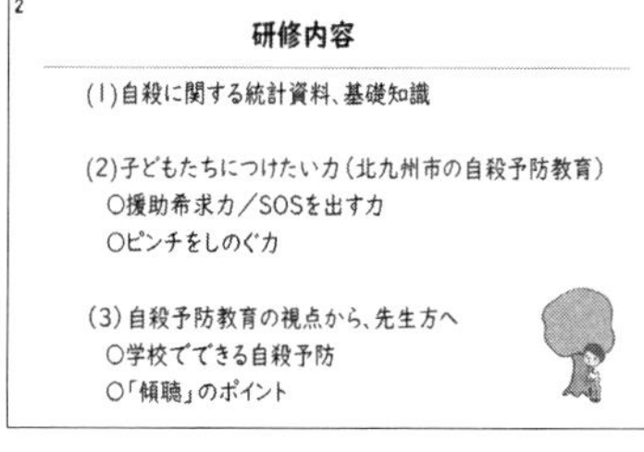


これが本日の研修内容です。

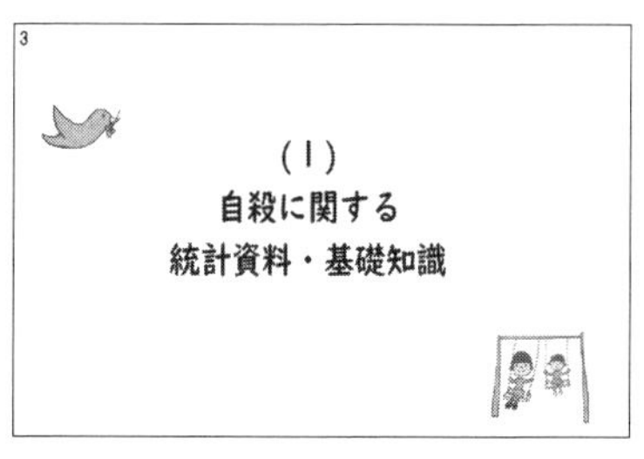


まずは，自殺に関する統計資料･基礎知識です。

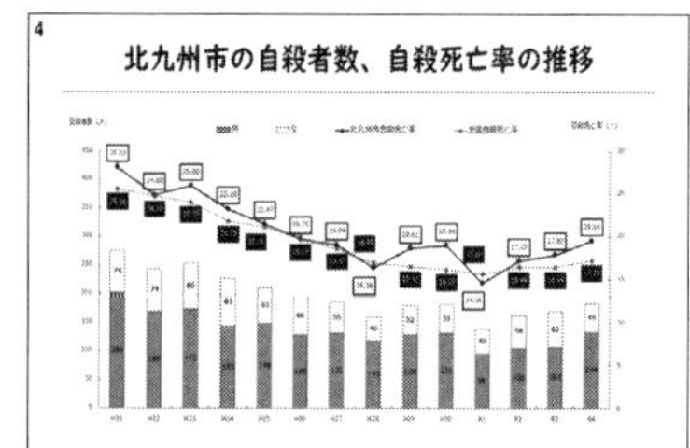


これは，北九州市の自殺者数と自殺死亡率の推移を表すグラフです。

自殺死亡率とは，人口 10 万人あたり何人の方が自ら命を絶って亡くなったか，が算出されたものです。

「自殺死亡率」の数字を用いることによって，人口の多い都市や少ない町といった比較しにくい国どうしや自治体どうしを比較することも可能になります。

令和 4（2022）年，北九州市の自殺死亡率は，全国平均を上回りました。

令和４（2022）年は，全国平均が上がりましたが，それ以上に北九州市も上がっています。

また，令和に入り落ち着いていた，男性の割合が高くなっています。

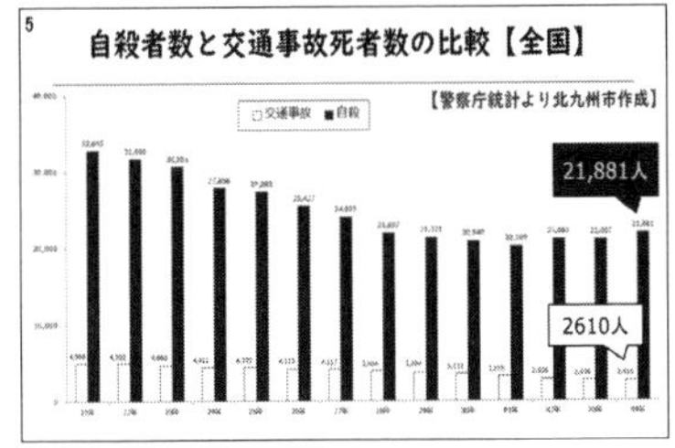


全国の自殺者数は，21,881 人で，令和３（2021）年より 874 人増えました。

交通事の死者数は 26 人減り，2,610 人となりました。

交通事故の死者数が減り続けている背景には「交通ルールの厳罰化」「安全性能の追求」「交通安全のための環境整備」「交通安全教育」といったことが考えられると言われています。

同時に，社会全体の喫緊の課題として自殺対策も進められていますが，年々減ってきていた自殺者数が，令和元年から微増に転じている状態です。

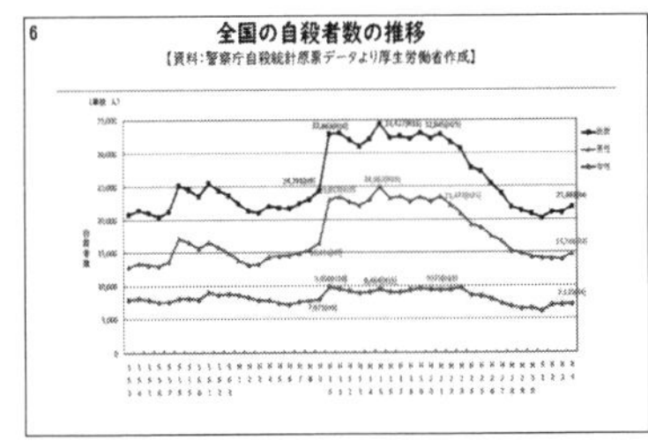


このグラフは，令和４年中に自殺によって亡くなった国内の人数です。男性，女性，総数の３つのグラフです。

令和４（2022）年についてまとめますと

- 総数は，令和に入っても最も多くなり，令和３（2021）年から（約 4.2%）増加しました。
- 男性は，13 年ぶりに増加しました。女性は３年連続の増加です。
- 男性は，女性の約 2.1 倍です。
- 年代別自殺死亡率は，20 代のみ低下しましたが，他の年代では令和３年と比べて高くなりました。50 歳代，60 歳代において，顕著に高くなりました。
- 10 代の自殺者数は，令和３（2021）年と比べると 47 人増えました。

自殺死亡率も，6.9 から 7.4 になっています。

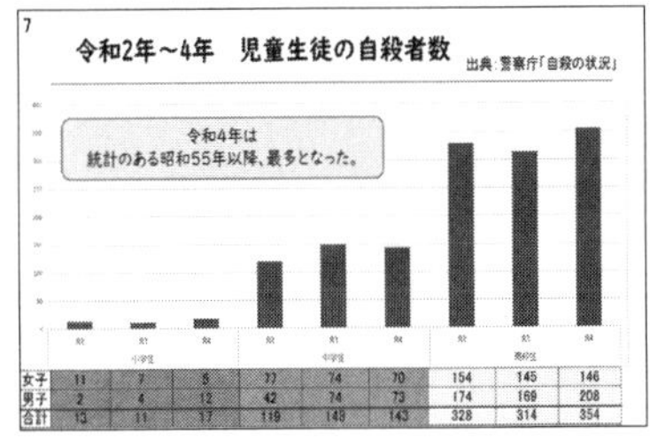


| | 小学生 | | | 中学生 | | | 高校生 | | |
|---|---|---|---|---|---|---|---|---|---|
| 女子 | 11 | 7 | 5 | 77 | 74 | 70 | 154 | 145 | 146 |
| 男子 | 2 | 4 | 12 | 42 | 74 | 73 | 174 | 169 | 208 |
| 合計 | 13 | 11 | 17 | 119 | 148 | 143 | 328 | 314 | 354 |

赤が女子で青が男子です。

中学生は令和３(2021)年より少なくなったものの，小学生が若干の増加，そして高校生男子は大幅に増加し，統計のある昭和 55(1980)年以降，最多となりました。

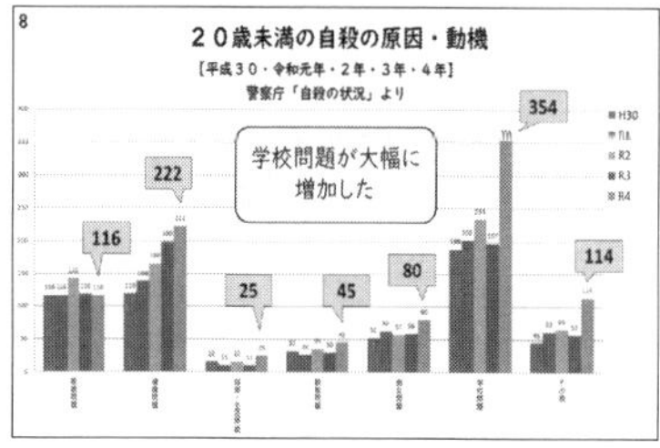


令和４（2022）年は学校問題が354件と昨年度までと比較して，大幅に増加しています。これは，自殺の原因･動機について，これまで３つまで計上可能とされていたものが，４つまで計上可能となり，統計方法が変更したためです。また，その他も昨年度の２倍に増えています。令和３（2021）年までと単純に比較することはできませんが，これまでの傾向からしても，学校問題や，原因のはっきりとしないケースの多さがうかがえます。

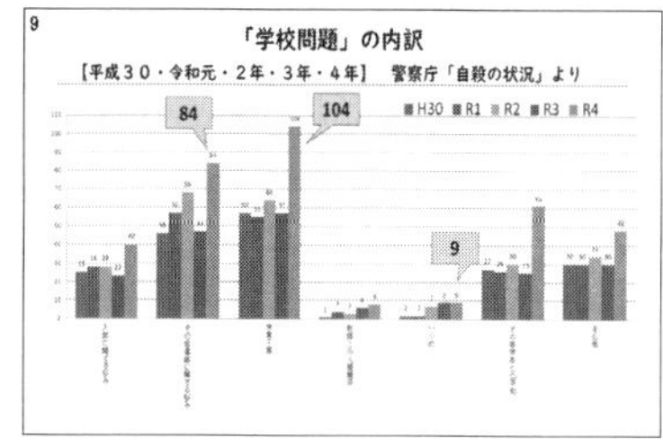


同じように，学業不振や進路に関する悩みも，単純に比較することはできませんが，数字上は大きく増加しています。その他には性別による差別１件を含みます。なお，性別による差別に関しましては，令和４（2022）年度から集計対象になっておりますが，これまでの統計がないことや，１件と少数だったため，その他に分類しております。

10

**自殺行動につながる背景①**

○発達障害の二次障害
障害を理解されない環境で育つ（生活する）ことによる二次的障害が、自殺行動につながる場合がある
➡特別支援教育（本人の特性に合った支援）の重要性

○子ども時代の逆境的体験
・虐待を受ける
・家族の誰かが精神疾患である
・子どもが安心･安全感を持てない家庭環境

さまざまな要因が重なり合って自殺につながると考えられています。

今年度の研修では，その背景に考えられることを３枚のスライドで紹介します。

11

**自殺行動につながる背景②**

○自傷行為
・リストカットだけでなく、噛む、ひっかく、頭を壁にぶつける、皮膚を縫う、といった行為も含む
・明確な死ぬ意図を持たない行為だが、繰り返すと将来的に自殺するリスクが高いため、放っておいて良いわけではない
・自傷行為の目的➡本人なりの対処行動、援助希求行動➡生きるための行動
①辛い感情をまぎらわせたい
②生きている実感を確認したい
③自分の辛さを周りの人に気付いてもらいたい
・×「どうしてそんなことをするの?」「止めなさい」「親からもらった体を傷つけたらいけない」「死ぬ気はないよね?」　◎代替行動を一緒に考える

松本俊彦（2023）自傷・オーバードーズ・自殺. こころの科学 2023年増刊号, 132-134. より引用

「自殺行動につながる背景①」と同じです。

最後のところに，望ましくない対応と望ましい対応を○と×で示しています。

12

自殺行動につながる背景③

○薬物依存 ➡ オーバードーズ（過剰摂取）
【不安を和らげる作用、大量に服薬すると高揚感や多幸感を得られる】
・ブロン
・パブロンゴールド
【意識変容により、感情的苦痛を一時的に緩和する作用】
・コンタック（咳止め薬）
・メジコン（咳止め薬）
・レスタミン（抗アレルギー薬）
【他の薬剤との相互作用で急激に血中濃度が上昇➡中毒量に達する】
・デキストロメトルファン（咳止め薬）中毒➡呼吸停止となる可能性有
・ジフェンヒドラミン塩酸塩（睡眠改善薬）中毒➡心停止となる可能性有
松本俊彦（2023）自傷・オーバードーズ・自殺，こころの科学 2023年増刊号，132-134，より引用

「自殺行動につながる背景①と②」と同じです。

市販の薬にも依存作用を高めるものがあり，子どもたちの手に入りやすい，また保護者も警戒しにくいものもあります。

注意が必要です。

(2)子どもたちにつけたい力
～援助希求力とピンチをしのぐ力～
（北九州市の自殺予防教育）

※全国的には「SOSの出し方教育」とも呼ばれている
・だれでも心が苦しくなることがある
・メンタルヘルスの知識
・相談する力・相談を受ける力（体験的学習が効果的）

つぎに，北九州市における自殺予防教育で身につけさせたい力についてお話しします。

本市では，リーフレットを作成した 14 年前から，「援助希求力」を高めることに取り組んできました。

その後，児童生徒の自殺者数が増え続けている現状に対して，現在では文部科学省はじめ全国的に「SOS の出し方教育」という言葉が使われています。

これは，本市が取り組んできた「援助希求力」を高める自殺予防教育と同じ内容，目的を表しています。

14

リーフレット“3つのメッセージ”（基本の考え方）

だれにでもこころが苦しいときがある
どんなに苦しくても，
必ず終わりがある
だれかに相談
できる力を持とう

誰にでも死にたいほど苦しいときがあるかもしれないが，
苦しいときにも必ず終わりがあり，
周囲の人に話をすること（支援を得ること）で
苦しい気持ちはきっと軽くなる

援助を求める力（援助希求力）をつける
生涯にわたるメンタルヘルスの基礎を築くための教育

（※リーフレットを紹介）

こちらが北九州市において，リーフレットを使って子どもたちに伝え続けているメッセージです。

①だれにでもこころが苦しいときがある
②どんなに苦しくても，必ず終わりがある
③だれかに相談できる力を持とう

この 3 つです。

この 3 つのメッセージをこころに刻むことができれば，生きていく中で様々な困難に直面したとしても，さまざまな支援を活用して対処していく力が育まれると信じています。

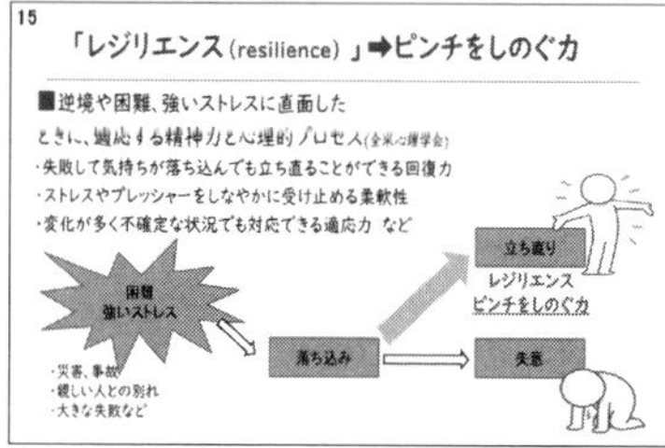


北九州市では“援助を求める力”を育むことを大切に，自殺予防教育に取り組んできました。そして，その過程で，“レジリエンス”に注目するようになりました。

「レジリエンス」とは，逆境や困難，強いストレスに直面したときに適応する精神力と心理的プロセスのことです。

失敗して気持ちが落ち込んでも立ち直ることができる回復力，ストレスやプレッシャーをしなやかに受け止める柔軟性，変化が多く不確定な状況でも対応できる適応力などをさしています。

例えば大震災や豪雨災害，感染症の蔓延といった，多くの大切なものを失うできごと，日常生活の安定を奪われるようなできごとがあったとき，私たちはとても落ち込みます。

立ち直れないのではないかと思い，失意のどん底に突き落とされます。

しかし，多くの人々はまわりからの支えや支援を受けたり，時間の流れの中で少しずつ立ち直り，力を合わせながら復興していく力を発揮しています。その力を「レジリエンス」と言います。

本市では，「レジリエンス」を児童生徒にも理解しやすいように「ピンチをしのぐ力」と言い換えて，その力を育むことや，育むための基礎作りを行うことに注目して，自殺予防教育に取り組んでいます。

**ピンチをしのぐ力（例）**

| こころの元気 | しなやかさ | 底力 |
|---|---|---|
| • 睡眠・食事 | • 笑い、忘れる | • 生活力 |
| • 生活リズム | • 楽観性 | • さまざまな経験、自信 |
| • 生活習慣 | • コミュニケーション力 | • 夢、目標 |
| • 体の元気、運動 | • 助けを求める力 | • 自尊感情 |
| • ストレス対処 | • 多様なとらえ方 | • くさらない姿勢 |
| • 鈍感力 | • 結果より「プロセス」 | • 他者とのつながり |
|  | • 切り替える | • 自分や他者を信じる |
|  | • 流す |  |

ピンチをしのぐ力を「こころの元気」「しなやかさ」「底力」の３つの観点から例を示しています。

リーフレットを使って伝え続けてきた「援助希求力」も，ピンチをしのぐ力のひとつとして位置づけています。

「ピンチをしのぐ力」を育てていくために，学級目標の１つとして掲示したり，日常の授業の中で児童生徒と一緒に高めるように工夫してみたりしてはいかがでしょうか。

自殺予防教育は，人生におけるさまざまな局面を「どう生きるか」について学び，考える教育だと思います。

それぞれに備わった資質や，身につけてきた考え方，築いてきた周囲の方たちとの関係・支え合いなどによって，私たちはピンチをしの

いで生きていくんだと思います。そういう意味で，幅広く，全ての教育活動の中で，日常生活の中で，「ピンチをしのぐ力」高めることができると良いのではないでしょうか。

※ここで例示したことのいくつかについて，ＳＣから説明を加えたり,「ピンチをしのぐ力」をどう考えるか,意見交換をするグループワークも有効だと思います。お示ししたことは,あくまで「例」です。いろいろな考えや視点があると思います。そうやって考え,話題にすることそのものが自殺予防教育に取り組む大人の力をつけることになるのではないでしょうか。

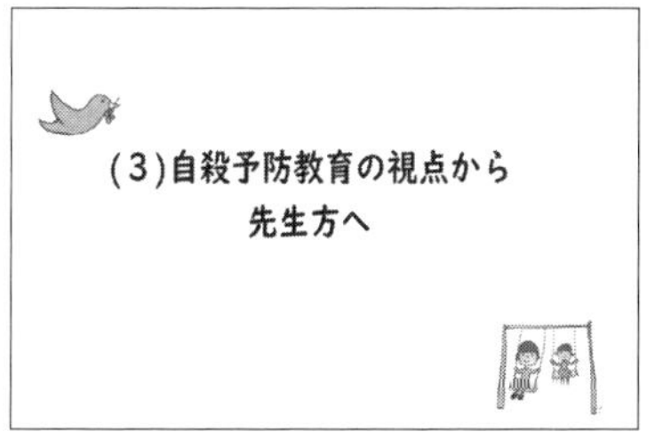


最後に，学校でできる自殺予防教育の大切さと，児童生徒への関わり方について説明をします。

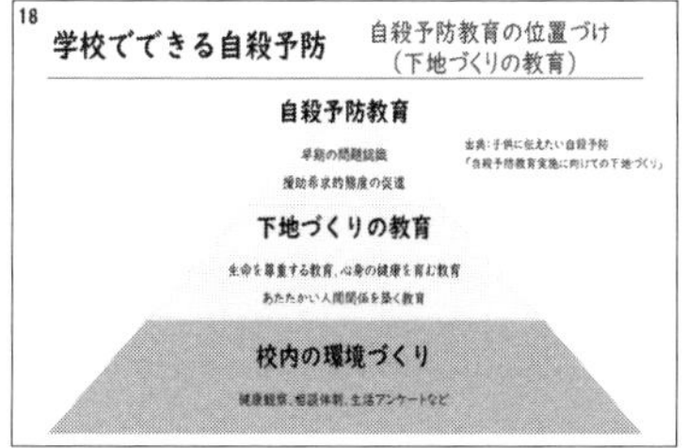


文部科学省から出された『子供に伝えたい自殺予防』の中にある「自殺予防教育実施に向けての下地づくり」の図です。

自殺予防教育を行うにあたっては,日々の校内の環境づくりや下地づくりの教育がベースになっています。

先生方が日常的に,当たり前に繰り返しておられる「健康観察」や「生活アンケート」「児童生徒の話を聴くこと」が,自殺を予防する環境を作ります。

そして,本市独自の「北九州子どもつながりプログラム」のような,あたたかい人間関係を築く教育が,自殺予防教育の下地をつくっているのです。

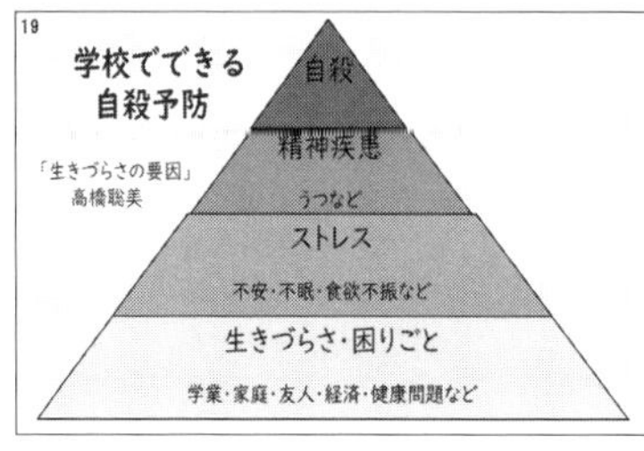


自殺対策は「死にたい」という人の対応だと思われがちです。

それはとても深刻で難しいと感じることでしょう。

しかし，自殺予防は，「死にたい・消えたい」と思っている人だけを対象とするものではありません。

家庭問題，学業問題，友だちとの関係，経済問題，健康問題等の生きづらさや困りごとがあり，それらがストレスとなってうつなどの精神疾患になっていくことがあります。うつ状態になると，思考や視野が狭くなり，死ぬしか解決法がないと心理的に追い込まれます。

自殺対策は「死にたい」気持ちでいる子どもへの対応だけでなく，その手前の段階の「日頃の子どもたちの困りごと」に向き合い，解決していくことが最大の予防になると考えられています。

先にお示ししましたように，2022年の児童生徒の自殺の動機・理由の学校問題のうち，最も多かったのは「学業不振」で，次いで「進路問題」となっています。「進路をどうしよう」「勉強についていけない」といった，先生方が日頃相談を受けている内容が自殺の主な原因です。まずはこの身近な困りごとを一緒に解決していくことが大切だと思います。

そのためには，児童生徒から「困っています」「大変なんです」といった助けを求められる，SOSを出してもらえる大人になることが期待されます。

相談を受ける際に，話を聴くより叱咤激励やアドバイスが多くなっていないでしょうか？子どもより大人の方がたくさん話しているということはないでしょうか？

先生方の傾聴によって，相談者である子どもがたくさん話せると，子どもの心は軽くなり，心に余裕ができて，自分自身で解決の方向に向かう道を見つけることができます。

次のスライドでは，「どんな大人に相談したいか？」のアンケート調査の結果をお伝えします。

20

**学校でできる自殺予防**

令和4年2月 北九州市自殺予防に関するシンポジウム「今、あなたに伝えたいこと」から

**どんな大人に相談したいか？**

～「若草プロジェクト」アンケートより村木厚子氏発表～

・頭ごなしに否定をしてこない
・自分の味方でいてくれる
・話をきちんと聞いてくれる、適当に流さない
・意見を押し付けてこない
・秘密を守り、相手の話すことを否定せず信じてくれる
・悩みを悩みのまま聞いてくれ、解決の道に導いてくれる
・利害関係がない一方で、いざとなったら助けてくれる

令和４（2022）年２月に行われた，北九州市自殺予防に関するシンポジウムで紹介された資料です。

「若草プロジェクト」とは，さまざまな生きづらさを抱えた少女や若い女性を支援する団体で，元厚生労働事務次官の村木厚子氏もかかわっており，シンポジウムでは，そのアンケート結果が紹介されました。

このスライドは，「日頃の子どもたちの困りごと」に向き合うためにどのような接し方が必要であるかについて示唆しています。

21

**学校でできる自殺予防**

相談される力＝「傾聴」する力

日常的に相談できる、相談すると否定せずに聴いてもらえるという環境そのものが、自殺予防になります。つまり、それが「学校でできる自殺予防」です。
相談する力は、小学校1年生から積み重ねていくことができる力です。

「傾聴」は、話をする人を受けとめ、大切にすることです。
私たちは傾聴してもらえると、こころが落ち着き、余裕をもつことができます。
そうやって大切にされることが、児童生徒のメンタルヘルスを維持・向上させていくことにつながるでしょう。

ここでは，「相談される力」を「傾聴する力」ととらえて説明します。

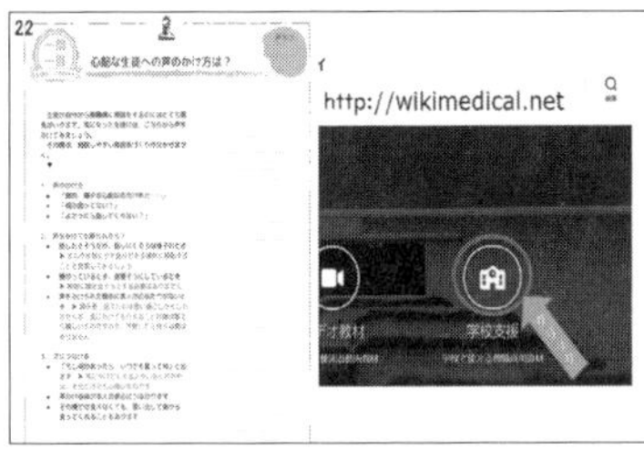


これから，さらに傾聴について説明したいと思います。

参考にした資料は，「思春期発達研究所のウィキメディカル」というサイトです。このサイトの内容は，精神科医 細川大雅先生の『教職員のための生徒のこころのケア一問一答』（医療コミュニケーションセンター，2022）という書籍の内容になっています。

いろいろなテーマが，スライドの例のように一問一答で紹介してあります。

関心のある先生は，是非ご覧になって下さい。

23

**傾聴のポイント～話し手の波に乗って～**

1. 児童生徒が話し手、教職員は聞き手
 ・児童生徒が自分のペースで話せるようにする、急かさない
 ・先ずは否定せずに聴く
 ・聞き手の方で、話の内容を切り替えない

2. 視線を合わせ、あいづちを打つ
 ・作業の手を止め、児童生徒と視線を合わせて聴く
 ・話の流れで、いろいろなうなずきやあいづちを返し、話を聴いていることが、児童生徒に伝わるようにする

日頃の生活の中での，傾聴のポイントを示しました。ご覧ください。

（※スライドを読んでください）

また，子どもから「死にたい」と訴えられたり，自殺の危険の高まった子どもに出会ったとき，教師自身が不安になったり，その気持ちを否定したくなって，「大丈夫，頑張れば元気になる」などと安易に励ましたり，「死ぬなんて馬鹿なことを考えるな」などと叱ったりしがちです。

しかし，それでは，せっかく開きはじめた心

が閉ざされてしまいます。

死を思うほどの深刻な問題を抱えた子どもに対しては，子どもの考えや行動を良し悪しで判断するのではなく，そうならざるを得なかった，それしか思いつかなかった状況を理解しようとすることが必要です。そうすることで，子どもとの信頼関係も強まります。徹底的に聴き役にまわるならば，自殺について話すことは危険ではなく，予防の第一歩になります。これまでに家族や友だちと信頼関係を持てなかったという経験があるために，助けを求めたいのに，救いの手を避けようとしたり拒否したりと矛盾した態度や感情を表す子どもいます。

24
**傾聴のポイント～話し手の波に乗って～**

3. 相手の言ったことを伝え返す
- 「～ということがあったんだね」「それで～と感じたんだね」とそのままを繰り返すと，話し手は聴いてもらっていると安心する

4. 適度な質問で話をうながす
- 適度な質問で言語化を促す
- 質問が責める感じにならないように注意する

5. 安心して話せる時間と場所を確保する
- 先ずは短い時間でも，時間と場所を確保して聴く

続けて傾聴のポイントについて，スライドにまとめています。

25
**傾聴のポイント～「死にたい、消えたい」気持ちを聴く時～**

○自殺の危険の程度を推定して対応する
- 「自殺を考えているか」尋ねる
- 「どうやって自殺しようとしているか」尋ねる
- 「実際に何かしたか」尋ねる
- リスクが高いと考えられる場合
  - ➡安全を確保する，本人をひとりにしない
  - ➡守秘義務の例外にあたるため，校内の教職員と保護者で情報共有

○一人で抱えこまず，学校内のチームで対応し，必要があれば専門家に援助を求める　「教師が知っておきたい子どもの自殺予防（文部科学省，2009）」

次に，「死にたい」「消えたい」と言っている子どもの話を聴く時のポイントを説明します。

危険な場所にいたり，危険なものを持っている場合には，安全を確保します。本人をひとりにしないで寄り添い，複数で関わるようにします。

また，このスライドのポイントに留意して対応することが重要です。

自殺の危険の程度を推定し，それによって対応を考える必要があります。

本人の中に，「見つからない場所で，気づかれない時間に，誰にも知られないように」のような考えが根底にある場合には，事案の見える重さ軽さに関係なく，十分に警戒する必要があります。

自殺の危険性について過小評価し「多分大丈夫だろう」と判断することで，危ない状況に陥ることもあります。

それから「秘密にしておいて」という児童生徒については，誠実な傾聴の姿勢によって，聞いてくれた先生を信頼し，「先生からなら（親に）話しても良い」となる場合もあります。「誠

心誠意　子どもの命を守るため」に，ということが伝わるような聴き方・伝え方を考える必要があります。それでも頑なに「秘密にしておいて」と繰り返す児童生徒に対しては理由をていねいに聴き，共感した上で不安や不信をやわらげるようにします。

その上で，生命にかかわるなど見過ごせない内容は，「あなたを守るために必要だから」と粘り強く説得し，支援チームで情報共有しなければならないことを伝えるようにします。さらに，話してくれたことをねぎらい，翌日の教育相談を約束するなどして，今後に続くつながり方となるようにすることが大切です。

そのような対応方法を考えることは，先生方にとっても，緊張が高まる大変なことだと思います。子どもに対応した先生個人が一人で抱え込まないことが重要で，学校全体で子ども個人の秘密を守りつつ，情報共有し，子どもの命を守るためにどのように連携できるのかをチームで考え，対応していくということが大切です。

文部科学省が平成 21（2009）年に『教師が知っておきたい子どもの自殺予防』をまとめておりますので，対応について深めたい先生は，ぜひそちらをお読みになってください。

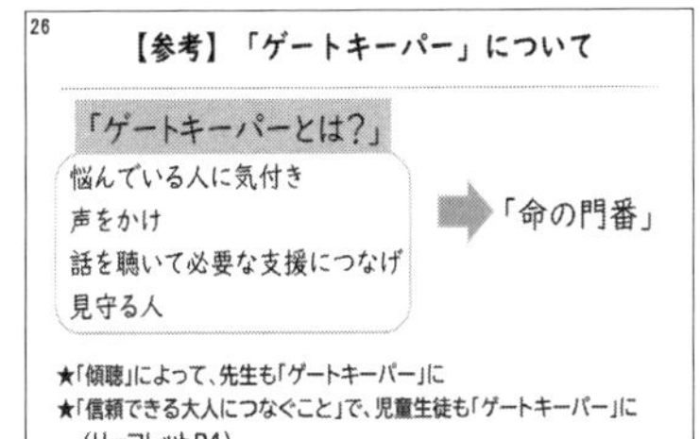


自殺予防において「ゲートキーパー」という役割が，重要視されています。

それは，文字通り「命の門番」です。

悩んでいる人に気付いて声をかけ，話を聴いて必要な支援につなげ，見守る人です。

支援が届かずに自殺に向かうことのないよう，その前段階で「門番」として自殺を予防することが期待されるものです。

先生方は，児童生徒の話を傾聴していただくことでゲートキーパーの役目を果たしていただけますし児童生徒は，リーフレット４ページの下の部分にありますが，友だちの深刻な話を聴いた時に，信頼できる大人につなぐことで，ゲートキーパーの役目を果たしてもらいたいと思います。

精神保健福祉センターとは

【位置づけ】
○全国69ヶ所あり、県内は福岡県(春日市)、福岡市、北九州市の3か所に設置されています。
【業務内容】
○「精神保健福祉相談」(自殺予防こころの相談電話)や「いのちとこころの支援センター」(地域自殺対策推進センター)などを行っており、自殺予防リーフレットの作成をしたり、自殺未遂者の支援をしたりしています。

○「いのちとこころの情報サイト」には、啓発用冊子・リーフレット・研修会・ストレスケアなどの役立つ情報が載っていますので、利用してください。

今回の研修会を進めるにあたって，協力していただいている「精神保健福祉センター」の紹介をさせていただきます。

精神保健福祉センターでは,「いのちとこころの情報サイト」というホームページを運用しております。

自殺予防に関する情報，ストレスケアなど，業務に役立つ情報が掲載されています。(ゲートキーパー研修について) 先生方も，ぜひご活用ください。

28

参考文献

■ 子供に伝えたい自殺予防　文部科学省　平成26年
■Felitti, V.J., Nordenberg, D. et al.: Relationship of chidhood abuse and household dysfunction to many of the leading causes of death in adults. The Adverse Childhood Experiences (ACE) study. Am J Prev Med 14 (4) :245-258, 1998.
■上島博(2016)
『イラスト版子どものレジリエンス 元気・しなやか・へこたれない心を育てる56のワーク』合同出版
■月間「生徒指導」2021年6月号
「体験的学習を中心にした自殺予防教育」阪中順子
■月間「生徒指導」2021年7・8月号
「増加する子どもの自殺予防のために学校は何をすべきか①②」　高橋聡美
■こころの科学Special Issue 2023
「自傷・オーバードーズ・自殺」松本俊彦
「幼少期の虐待が青年期にどのような影響を与えるか」篠崎志美
■ ウィキメディカル by思春期発達研究所　http://wikimedical.net

研修は以上です。

今回の研修内容作成に使った参考資料の紹介です。たくさんの資料をご覧になれます。一度アクセスしてみて下さい。

これで終わります。

※なお，本研修資料はMicrosoft Wordファイル形式にてダウンロード可能です。ダウンロード方法の詳細つきましては，本書154頁をご覧ください。また，本研修資料の使い方につきましては，本書第6章，第7章をご参照ください。

付録①－2

# SCが行う教職員研修

## 【児童の話を聴くシナリオ小学校版】

**付録①－2　SCが行う教職員研修　【児童の話を聴くシナリオ小学校版】**

このシナリオは、児童の話を聴く場面を想定して作成しました。

実際に活用される場合は、教職員のご意向や研修時間等の状況に合わせて修正を加え、より使いやすいようにアレンジしてください。

（シナリオ活用時の説明）

①二人組になって、Aさん役と先生役をやってみてください。台詞の言い回しや、文末表現については、言いやすいように変更されて構いません。

②Aさん役をした時に、どんな気持ちになったか、どういう聴き方が良いと思ったかなど、感想を話し合ってください。

③役を交代してください。

④同じくAさん役をした時に、どんな気持ちになったか、どういう聴き方が良いと思ったかなど、感想を話し合ってください。

⑤時間があれば、全体で共有できるよう、SCが進めます。

（状況設定の説明）

小学校３年生男児のAさんは文字の読み書きが極端に苦手で、黒板をノートに写したりプリントに書き込んだりすることに、とても時間がかかります。Aさんの書くペースが遅いために、他の児童が待たないといけない時もあり、Aさんはよく他の児童から急かされています。急かされても急いで書くことができないAさんが、困った表情でいるのを見かけます。宿題もしてこないことが多く、家庭にも連絡していますが、「宿題忘れ」は続いています。

一方でAさんはお調子者で、遊ぶ時は元気がいいし、口げんかでは、クラスの中でも強い方です。話すことは上手なので、おもしろいことを言ってみんなを笑わせるセンスもあります。そんなAさんが宿題を忘れることについては、「できるのにさぼっている」「宿題はしないくせに、好きなことは思いっきりする」「口げんかが強いから、宿題をしないことで誰かが文句を言っても平気だと思っている」と感じている児童もいるようです。

ある日、Aさん対Bさんたち数人の口げんかが起こりました。「Aさんは宿題をしてこないのに、さぼっているのに（自分たちは嫌でもやってきているのに）昼休みに遊ぶことはみんなと同じなのがずるい、昼休みに宿題を終わらせてからじゃないと一緒に遊ばない」とBさんたちから言われ、Aさんが怒って「宿題と昼休みは関係ない！」と叫びながら、Bさんにつかみかかろうとしていました。

他の児童に呼ばれてその場に行った先生は、Aさんを別の場所に連れて行き、落ち着かせてから、Aさんの話を聴くことにしました。

（シナリオ）

先生：「Aさん、お話できそう？」
A　：「はい」
先生：「ずいぶん怒っていたね。何があった？」
A　：「Bさんたちに、一緒に遊ばない、と言われました」
先生：「一緒に遊ばない、って言われたんだ。それで怒っていたんだね。Bさんたちと遊びたかった？」
A　：「はい、Bさんたちと遊びたかったです」（と言って泣く）
先生：「そうか……。悲しいね。そんなにBさんたちと遊びたいんだね」
A　：「遊びたいです」
先生：「Bさんたちが、どうして一緒に遊ばないって言ったか、きいてみようか？」
A　：「わかっています。ぼくが宿題を忘れるからです」
先生：「そう……。」
A　：「書くのが遅くて、宿題終わらないまま寝てしまうから」
先生：「そう……。（責める口調でなく、Aさんの言葉に同意する感じで）今日も出してないもんね」
A　：「ぼくだって、頑張っています」
先生：「わかってるよ。授業中も、時間がかかっても書いているからね。」
A　：「どうしてぼくだけ遅いんですか？　みんなみたいに、さっさと書いて終わらせたいのに、できません。それなのに一緒に遊ばないと言われて、悲しいです」（と言って泣く）
先生：「悲しいね。どうしたらいいだろうか（一緒に考える雰囲気で）」
A　：「（黙って下を向いたまま）…………」
先生：「（しばらく考えた後）Aさんは、Bさんたちと遊びたいんだって、教室でBさんたちに言ってみる？」
A　：「（それは難しい、という感じで）えぇ？」
先生：「そう思っているんだから、そう言った方が伝わると思うよ」
A　：「でも…ぼくが宿題を忘れるから無理です」
先生：「宿題を忘れることを、そんなに気にしてるんだね」
A　：「（黙ってうなずく）だって、Bさんたちも、さっきそう言いました」
先生：「じゃあ、宿題を気にしていることも、言ってみたら？」
A　：「そう言ったら、宿題すればいいやん、って言われます」
先生：「そう、じゃあすればいいんじゃない？　全部できなくてもいいから、できるだけでも宿題して出したら？」
A　：「全部できなくても出していいんですか？」
先生：「全部できなくても、できるだけのことをして出せば、Bさんたちにも Aさんが頑張っていることが伝わるんじゃないかな！」
A　：「全部じゃなくてもいいですか？」
先生：「そうか……宿題を全部してからじゃないと出したらいけないと思っていたわけか……」
A　：「（黙ってうなずく）」
先生：「いつか宿題全部できたらいいね。でも、今はできるだけを頑張ろう。それならできそう？」
A　：「はい」
先生：「Aさんの気持ちを聞けて良かった。話してくれてありがとう。自分のできるだけのことを頑張る気持ちが大事だから、Aさん、これからはできたところまでの宿題を必ず出してね。そしてBさんたちと遊んでね」
A　：「はい」

※なお，本研修資料はMicrosoft Wordファイル形式にてダウンロード可能です。ダウンロード方法の詳細つきましては，本書154頁をご覧ください。また，本研修資料の使い方につきましては，本書第6章，第7章をご参照ください。

付録①－3

# SC が行う教職員研修

## 【生徒の話を聴くシナリオ中学校版】

**付録①—3　SCが行う教職員研修　【生徒の話を聴くシナリオ中学校版】**

このシナリオは，生徒の話を聴く場面を想定して作成しました。

実際に活用される場合は，教職員のご意向や研修時間等の状況に合わせて修正を加え，より使いやすいようにアレンジしてください。

（シナリオ活用時の説明）

①二人組になって，Aさん役と先生役をやってみてください。台詞の言い回しや，文末表現については，言いやすいように変更されて構いません。

②Aさん役をした時に，どんな気持ちになったか，どういう聴き方が良いと思ったかなど，感想を話し合ってください。

③役を交代してください。

④同じくAさん役をした時に，どんな気持ちになったか，どういう聴き方が良いと思ったかなど，感想を話し合ってください。

⑤時間があれば，全体で共有できるよう，SCが進めます。

（状況設定の説明）

中学2年生女子のAさんは，母と二人で生活しています。

Aさんの母は，生活のため一生懸命働いています。夜勤もしながら，Aさんの将来のために貯金もしています。

ただ，そのような家庭状況のため，Aさんは，夜一人で過ごすことが多くなり，インターネット上の知り合いとゲームをしたり，話したり，SNS で交流したりすることが日々の楽しみとなり，癒しになっていきました。だんだん母がいる日も，ネット上の知り合いとの交流にふけり，Bという人物に依存的になりました。そして母との会話も減っていきました。

そんな時，Aさんにとって心の支えであったBさんからの連絡が急に途絶えました。AさんはBさんに何度つながろうとしても，つながりません。Aさんは自分ではどうしようもない苦しさから，以前ネットで見たことがあった自傷行為を思い出しました。カッターで左腕をすうーっと切ったら，不思議と心が落ち着きました。それからも，Bさんとつながることのできない寂しさを自傷行為で軽くして過ごしました。

ある時，急に成績が下がったことをきっかけに，母から厳しく言われました。「お母さんがこれだけ頑張って働いているのに，この成績は何ね！それから，部屋にこもってカッターで手を切ってるみたいだけど，そんなことして，お母さんに何が言いたいんね！」Aさんは，何も言えませんでした。

Aさんは「私なんかいない方が，お母さんだってこんなに働かなくてすむ」「Bさんにとっても，私はどうでもいい存在だった」「こんな私に，これからいいことがあるはずがない」「学校に行ったって，みんなのように笑えない」「私のことなんか，誰もわかってくれない」「私が今ここで消えても，だれも何ともないよね」

そんなことを思いながら学校に行っていました。すると先生から声をかけられ，放課後，相談室で話をすることになりました。

（シナリオ）

先生：「最近元気がないように見えて心配だったんだけど，どうした？」

A　：「……」（下を向いたまま何も言わない）

先生：「（しばらく返事を待った後）詳しくは分からんけど，Aさん，何か大変なんだろうね」

A　：「……」（下を向いたまま何も言わない）

先生：「大変なのに，よく休まずに学校に来てるよね」

A　：「学校は来てるけど，かなり成績が下がりました」

先生：「成績が下がったことで，お母さんから何か言われた？」

A　：「はい」

先生：「何て言われた？」

A　：「お母さん頑張って働いているのに，この成績は何ね！と言われました」

先生：「そうだったんだね。確かに急に成績が下がったから，実は先生も，どうしたかな？と思っていたところだった。勉強に集中できない？」

A　：「勉強とか，どうでもいいんです。それに私なんか，生きていても死んでも，誰も何とも思いませんから」

先生：「そんなふうに思いながら生活しているんだ……。苦しいだろうね。よく話してくれた。ありがとう。もしかして『死にたい』と思うことがある？思ってなければそれでいいけど」

A　：「いつも思っています。昨日の夜も，死にたい気持ちが強くなって，高いところにひもをかけてみました」

先生：「そうだったんだね。死ななくてよかった。今日学校に来てくれてよかった」

A　：「いくら努力したって，どうしようもないじゃないですか。生きていたって，この先いいことなんてないに決まっています」

先生：「そういう気持ちを話してくれただけで良かった。本当にありがとう。ただ，こんな大事な話を先生だけが知っていたのではAさんのことが心配だから，お母さんに連絡させてほしいんだけど」

A　：「お母さんにですか……嫌です」

先生：「そうかもしれないね。でもね，先生が家に帰ったあとのAさんのことをいくら心配しても，Aさんの家に行くわけには行かないから……。頼むから，お母さんに連絡させて」

A　：「先生，お母さんに何て言うんですか？　死にたいって言ってるって言うんですか？」

先生：「そうね……どんな風に伝えるといいか，Aさん教えてほしい……こんな伝え方はどうだろうか？『Aさんの心はとても苦しそうです。生きていることが大変なぐらいです。だけど今日，そのことを話してくれました。私は少しずつAさんの大変さをわかっていきたいです。お母さんと私とで，Aさんの大変さが少しでも軽くなるよう，見守ったりお話聴いたりしていきませんか？』これでどうでしょう？話すことを紙に書くので，見て下さい（書いて見せる）」

A　：「（仕方ない感じで）わかりました」

先生：「それから，今日はお母さんに迎えに来てもらおうと思うので，一緒に帰ってね」

A　：「……」（下を向いたまま何も言わない）

先生：「お母さんに電話をしに行きたいので，他の先生と交代します。今，職員室にどの先生がおられるか分からないけど，2年生の先生たちと保健室の先生のうちの誰かと交代してもらうから，2年生の先生たちと保健室の先生だけには，Aさんの状況を伝えておきたいんだけど，話していい？」

A　：「…………」（下を向いたまま何も言わない）

先生：「交代してこの部屋に来られた先生からいろいろ質問されるより，黙っていてもらう方がいいじゃないかと思うけど」

A　：「（仕方ない，という雰囲気で）はい」

※Aさんを一人にしないようにインターホンで他の先生を呼び，部屋の外（ドアの前）で概況を伝えて母宛てに電話。電話の後に，翌日も引き続き話を聴くことを約束し，Aさんが直接SCに相談することも提案する。

※迎えに来た母には，本人の状況や家で気を付けていただくこと，これからのかかわり方について話し合う。その日に時間が取れない場合は，できるだけ早いうちに面談する時間を作っていただくことをお願いする。

※なお，本研修資料は Microsoft Word ファイル形式にてダウンロード可能です。ダウンロード方法の詳細つきましては，本書 154 頁をご覧ください。また，本研修資料の使い方につきましては，本書第 6 章，第 7 章をご参照ください。

付録②－1

# SC研修資料

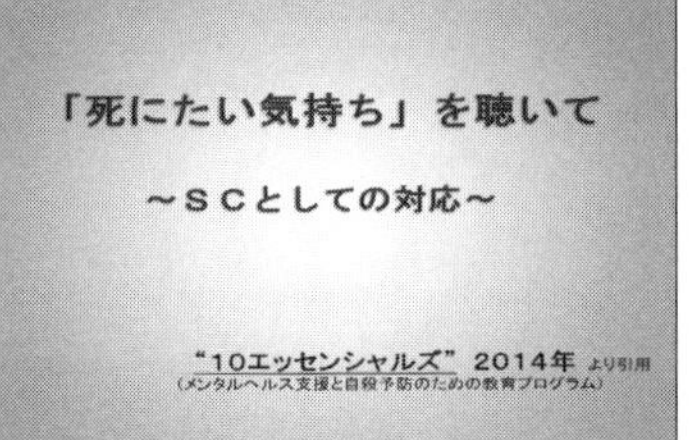


児童生徒から面接の中で「死にたい気持ち」を聴いた場合のSCとしての対応について述べます。

※ＴＡＬＫの原則

Tell「あなたのことを心配している」と伝える
Ask 死にたいと思っているか、率直に尋ねる
Listen 絶望的な気持ちを傾聴し、受けとめる
Keep safe 安全確保と、適切な対処

もし，子どもから「死にたい」と訴えられたり，自殺の危険が高まった子どもに出会った場合の対応について，TALKの原則が紹介されています。

Tellでは言葉に出して「あなたのことを心配している」と伝えます。Askでは「死にたい」と思っているかについて率直に尋ねます。Listenでは，死にたくなるほどの絶望的な気持ちを傾聴し，受け止めます。その上で，Keep safeで，一人にせず安全を確保することが重要です。

※自殺予防の三段階

予防活動（自殺予防教育など）
↓
危機対応（危機への直接介入）
↓
事後対応（自殺の事後対応）

自殺予防は，すべての人を対象とした自殺予防教育などの予防活動，現在危機的な状況にある人を対象にした危機対応と不幸にも自殺が起きてしまった後の事後対応といった３段階で考えることができます。

（１）危機対応におけるＳＣの役割

①信頼関係を作りながら、心身の不調やつらさなど、現在のこころの様子や思いを傾聴する。
②危険性のアセスメントと安全確保
③先生や家族への、つなぎと支援

危機対応におけるSCの役割は，まず，信頼関係を作りながら，心身の不調や辛さなど，現在のこころの様子や思いを傾聴すること，自殺の危険をアセスメントし，安全を確保すること，その上で先生や家族に適切し繋ぎ，引き続き身近な支援者ともども支援していくことなどが挙げられます。

**（2）児童生徒へ**

①リラックスできる環境

②座る位置や距離感に配慮

③聴いてもらえたと思えるように十分に聴く

④ねぎらい、共感に努め、受容しながら語りを促す（承認、繰り返しなど）

児童生徒に対しては，リラックスできる環境を用意し，座る位置や距離感にも配慮します。子どもが聴いてもらえたと思えるように，十分に話を聴くことが大切です。

ねぎらい，共感に努め，子どもの話を受容しながら語りを促していきます。

**（2）児童生徒へ**

⑤「死にたい気持ち」について聴く
・自殺念慮の言明、その強さ
・計画性（時期や手段）
・自殺と関連する行動

※「自殺や死について話すことが自殺を引き起こすことはない」というのが、自殺予防専門家の共通認識。

※「死」や「自殺」に触れることは、「話してもいい」という安心感・信頼感につながり、信頼関係の構築や援助希求能力の向上につながる。

死にたい気持ちやその強さ，具体的に時期や方法などを考えているかどうか，実際に準備しているか否かなどを丁寧に聴いていきます。また，自傷行為など自殺と関連した行動があるかどうかも尋ねます。「自殺や死について話すことが自殺を引き起こすことはない」というのが，自殺予防専門家の共通認識です。援助者が「死」や「自殺」に触れることは，「話してもいい」という安心感・信頼感に繋がり，信頼関係構築や援助希求能力の向上に繋がると言われています。

**（2）児童生徒へ**

⑥心身の不調の度合いや危険性のアセスメント（リスク因子と危険性）⇒安全確保

※リスク因子
【表出】絶望感、孤立感、無力感、自殺念慮、など
【できごと】離別・死別、喪失、外傷体験、身近な人の自殺、など
【既往】自殺未遂、自傷行為、メンタルヘルスの不調、など
【環境や性格】家族関係や友人関係の希薄さ・トラブル、サポートを得にくい環境、独特な性格傾向、など

⑦先生や家族への連絡、報告について

話を聴きながら，心身の不調の度合いや自殺の危険をアセスメントし，安全確保に努めます。

自殺のリスク因子としては，『教師が知っておきたい子どもの自殺予防』（文部科学省，2009）にも，絶望感，孤立感，無力感，自殺念慮の表出，大切な人との別れ，身近な人の自殺などの体験，家族関係や友人関係の希薄さやトラブル，サポートを得にくい環境や独特の性格傾向などが挙げられています。本人を守るためには，学校・家族との共有は必至です。丁寧な繋ぎが求められます。

**（3）先生や家族へのつなぎと支援**

①「まずは安全の確保」という共通認識

②心身の不調の度合いや危険性について家族や先生と共通理解を図る

③家族や先生と対応について話し合う（受診を含めて）

まずは本人の「安全の確保」が最優先です。心身の不調の度合いや自殺の危険性について，家族や学校と共通理解を図ります。家族は動揺のあまり，本人を叱責してしまう可能性があるため，家族の不安も十分解消できるよう，学校･家族と医療機関受診も含めた対応について話し合うことが大切です。

**（4）自傷行為と自殺について**

①自殺を企図していない行動を「自傷行為」として区別されているが、自傷と自殺企図の境界ははっきりしない。

⇒自傷行為と自殺行動は連続してとらえた方が良い。
⇒もともと対処行動だったのに、自殺の手段となることもある。

②自傷行為への対応
⇒「自傷しないこと」より「援助関係が続くこと」が大切

「自傷行為」は，多くの場合は自殺目的ではなく，深刻な心理的苦痛を軽減する，もしくは苦痛があることを周囲に伝えるために，意図的に自らの身体を傷つける行為のことです。

直ちに自殺に繋がるものではありませんが，自殺の危険因子であり，十分注意する必要があります。背景にある苦しみに寄り添い，危険の少ない対処法を共に探すためにも，直ちに自傷を止めることよりも援助関係を続けることが大切です。

※なお，本研修資料はMicrosoft PowerPointファイル形式にてダウンロード可能です。ダウンロード方法の詳細つきましては，本書154頁をご覧ください。また，本研修資料の使い方につきましては，本書第6章，第7章をご参照ください。

付録③－1

# 授業実施用指導案

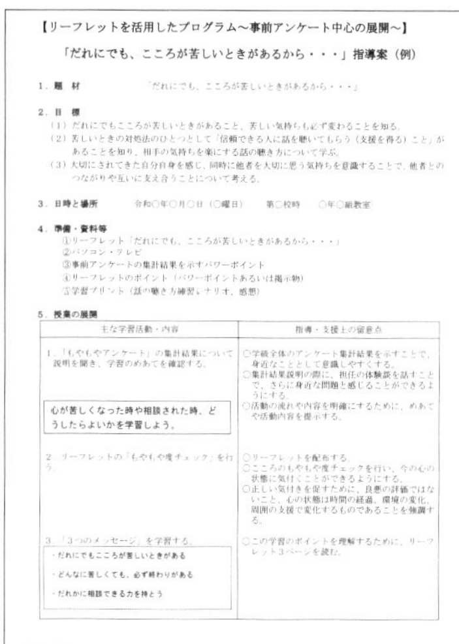

**【リーフレットを活用したプログラム～事前アンケート中心の展開～】**

**「だれにでも、こころが苦しいときがあるから・・・」指導案（例）**

**１．題　材**　　「だれにでも、こころが苦しいときがあるから・・・」

**２．目　標**

（１）だれにでもこころが苦しいときがあること、苦しい気持ちも必ず変わることを知る。

（２）苦しいときの対処法のひとつとして「信頼できる人に話を聴いてもらう（支援を得る）こと」があることを知り、相手の気持ちを楽にする話の聴き方について学ぶ。

（３）大切にされてきた自分自身を感じ、同時に他者を大切に思う気持ちを意識することで、他者とのつながりや互いに支え合うことについて考える。

**３．日時と場所**　　令和○年○月○日（○曜日）　第○校時　○年○組教室

**４．準備・資料等**

①リーフレット「だれにでも、こころが苦しいときがあるから・・・」
②パソコン・テレビ
③事前アンケートの集計結果を示すパワーポイント
④リーフレットのポイント（パワーポイントあるいは掲示物）
⑤学習プリント（話の聴き方練習シナリオ、感想）

**５．授業の展開**

| 主な学習活動・内容 | 指導・支援上の留意点 |
| --- | --- |
| １．「もやもやアンケート」の集計結果について説明を聞き、学習のめあてを確認する。<br>**心が苦しくなった時や相談された時、どうしたらよいかを学習しよう。** | ○学級全体のアンケート集計結果を示すことで、身近なこととして意識しやすくする。<br>○集計結果説明の際に、担任の体験談を話すことで、さらに身近な問題と感じることができるようにする。<br>○活動の流れや内容を明確にするために、めあてや活動内容を提示する。 |
| ２．リーフレットの「もやもや度チェック」を行う。 | ○リーフレットを配布する。<br>○こころのもやもや度チェックを行い、今の心の状態に気付くことができるようにする。<br>○正しい気付きを促すために、良悪の評価ではないこと、心の状態は時間の経過、環境の変化、周囲の支援で変化するものであることを強調する。 |
| ３．「３つのメッセージ」を学習する。<br>・だれにでもこころが苦しいときがある<br>・どんなに苦しくても、必ず終わりがある<br>・だれかに相談できる力を持とう | ○この学習のポイントを理解するために、リーフレット３ページを読む。 |

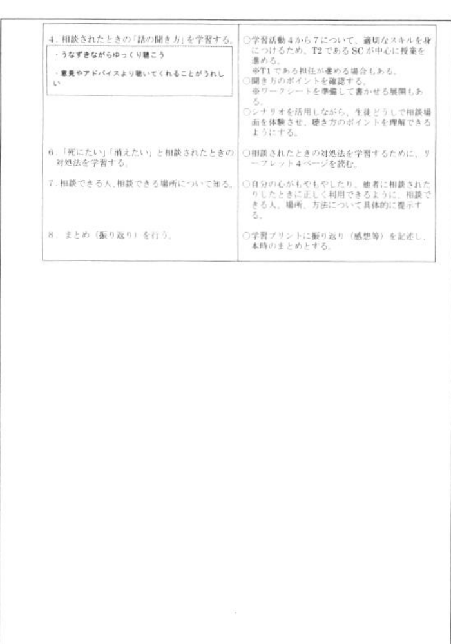

| ４．相談されたときの「話の聞き方」を学習する。<br>・うなずきながらゆっくり聴こう<br>・意見やアドバイスより聴いてくれることがうれしい | ○学習活動４から７について、適切なスキルを身につけるため、T2であるSCが中心に授業を進める。<br>※T1である担任が進める場合もある。<br>○聞き方のポイントを確認する。<br>※ワークシートを準備して書かせる展開もある。<br>○シナリオを活用しながら、生徒どうしで相談場面を体験させ、聴き方のポイントを理解できるようにする。 |
| --- | --- |
| ６．「死にたい」「消えたい」と相談されたときの対処法を学習する。 | ○相談されたときの対処法を学習するために、リーフレット４ページを読む。 |
| ７．相談できる人、相談できる場所について知る。 | ○自分の心がもやもやしたり、他者に相談されたりしたときに正しく利用できるように、相談できる人、場所、方法について具体的に提示する。 |
| ８．まとめ（振り返り）を行う。 | ○学習プリントに振り返り（感想等）を記述し、本時のまとめとする。 |

※なお，本研修資料はMicrosoft Wordファイル形式にてダウンロード可能です。ダウンロード方法の詳細つきましては，本書154頁をご覧ください。また，本研修資料の使い方につきましては，本書第6章，第7章をご参照ください。

付録③－2

# 事前アンケート

## こころのもやもやアンケート

2年　　組　　番 名前

2年生のみなさん、町中にクリスマスソングが流れる季節となりました。朝夕は、温度も下がり寒くなってきましたが、元気に過ごしていますか？ ●月●日にみなさんと、「こころ」について学習できることになりました。とても楽しみにしています。それで、学習の前にアンケートをとらせてもらうことにしました。下の質問に答えてください。よろしくお願いします。

スクールカウンセラー ●●●●

1. 朝、「学校に行きたくないなあ」と思うことがありますか？　**はい　いいえ**
2. （**はい**の人）それは、どんな時ですか？（複数でもいいです）

3. とてもこころが苦しくなったことがありますか？　**はい　いいえ**
4. （**はい**の人）それは、どんな時ですか？（複数でもいいです）

5. こころが苦しくなった時、あなたはだれかに相談しますか？　**はい　いいえ**
6. （**はい**の人）だれに相談していますか？（複数でもいいです）

7. あなたはこころの苦しさや「もやもや」をどのような方法で攻略していますか？

8. このような学習をすると、よけいにこころが苦しくなりそうな気がしますか？　**はい　いいえ**

※なお，本研修資料はMicrosoft Wordファイル形式にてダウンロード可能です。ダウンロード方法の詳細つきましては，本書154頁をご覧ください。また，本研修資料の使い方につきましては，本書第6章，第7章をご参照ください。

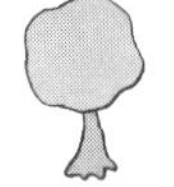



付録③－３

# 授業で提示する事前アンケートの集計パワーポイント

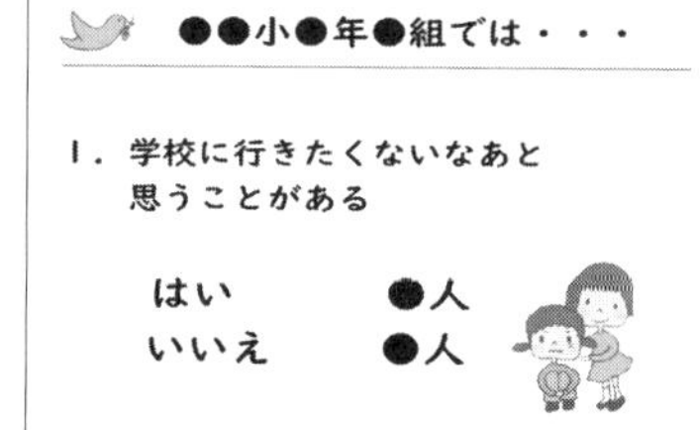


●●小●年●組では・・・

２、学校に行きたくないなあと思う時は？

眠い、前の日に悪口を言われた、友達とケンカした、勉強がいや、給食のメニューが好きじゃない、友達関係がうまくいかなくて逃げたい、前の日にトラブルがあった、ストレスでイライラする、クラスの人に仲間外れにされた、面倒くさい、きつい、連休明け、朝、起きた時の気分、月曜日、体調、テストがある、学校でできないこと（ゲームなど）をしたい時

●●小●年●組では・・・

３．とてもこころが苦しくなったことがある

はい　●人
いいえ　●人

●●小●年●組では・・・

４．とてもこころが苦しくなった時は？

部活のこと、習い事でうまくできずコーチや監督におこられた、仲の良い友達が突然そっけなくなる、登校時いっしょに教室に行こうとさそわれない、友達関係が分からなくて逃げたい、自分を好きになろうとしてもそれができない、どうして一人に感じるのか分からなくなった、友達関係がうまくいってない、うまく話せなくて話がぐちゃぐちゃになる、親におこられてひどいことを言われた、友達と仲良くできない、誰にも相手にされない、悪口を言われた、失恋、生きることについて考える時

まとめ①

このように
だれにでも、こころが苦しいときがあります。
今までになかった人でも
これから苦しくなる場合もあります。

先生の体験談を聞いてみましょう。

●●小●年●組では・・・

5．こころが苦しくなった時、相談する？

はい　●人
いいえ　●人

●●小●年●組では・・・

6．だれに相談する？

・親、母、家族　●人
・友だち　●人
・先生　●人
・おばあちゃん　●人
・犬　●人

まとめ②

たくさんの人が相談できているようです。
とても素晴らしいことです。
話すことで、こころが軽くなり
苦しさがやわらぎます。
こころのピンチをしのぐことができます。
これからも、信頼できる人に話しましょう。
今はまだ相談していない人も
試しに話してみませんか？

※【中学生以上向け】「相談する」「話す」の効力

◆「困った時はお互いさま」
⇒いつか自分が支える立場になることもある
◆相談経験が多い程、相談のしかたが上手くなる
⇒相談することで知恵や工夫が増える
◆こころの中を打ち明けることで、相手と親密になり人間関係が豊かになる
◆助けてもらうこと、支えてもらうこと、力を借りることは良いことで、迷惑をかけることではない
⇒「生きる力」「援助希求力（助けを求める力）」

●●小●年●組では・・・

7．もやもや攻略法は？①

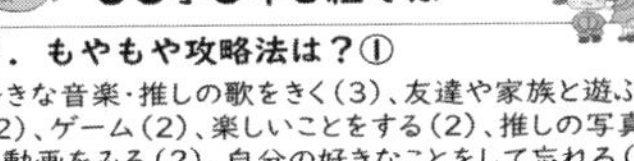

好きな音楽・推しの歌をきく（3）、友達や家族と遊ぶ（2）、ゲーム（2）、楽しいことをする（2）、推しの写真や動画をみる（2）、自分の好きなことをして忘れる（2）、だれかに相談する、YouTubeをみる、怒りをぶつける、深呼吸、自分の好きなように自由にする、祖母に話す、思ったことや言いたいことを日記に書く、布団の中で天井に向かってもやもやのことを言う、犬と遊ぶ、人形を抱きしめる、ぼぅーっとする、早めに忘れようとする、出かける、スマホで何かをみる、長く風呂に入る、漢字を書きまくる

ちょっと考えてみよう

7．もやもや攻略法は？　考える／考えない

＊前向きに考える
＊幸せなことを見つけてもやもやを払いのける
＊楽しいことを思い出す
＊いいことだけ考える
＊自分に「大丈夫」と言い聞かせる
＊違うことに意識を向ける

＊気にしないで過ごす、考えない

まとめ③

自分に合った方法でストレスを軽くしましょう。
◆体の感覚（寝る、運動する、叫ぶなど）
◆好きなことをする（遊ぶ、音楽を聴くなど）
◆話す、書く

後悔しない方法でストレスを軽くしましょう。
⇒なぐったり、けったり、こわしたり・・・
これらは良い方法でしょうか？

※なお，本研修資料はMicrosoft PowerPointファイル形式にてダウンロード可能です。ダウンロード方法の詳細つきましては，本書154頁をご覧ください。また，本研修資料の使い方につきましては，本書第7章をご参照ください。

付録③－4

# リーフレット学習プリント

## （小学校）

〈「だれにでも、こころが苦しいときがあるから・・・」学習プリント〉

**組　名前**＿＿＿＿＿＿＿＿＿＿

１．あなたがためしてみたいもやもや攻略法は？

２．話の聴き方（傾聴）

**A：なんか、元気ないね？　どうしたん？**

B：それがさ、もうすぐ中学生なのに勉強時間が少ないって、昨日、そうとう親から言われて……。

**A：そうなん。**

B：こっちだって勉強した方がいいことは分かってるけど、自分の子どものころはどうだったん！って言いたいよ！

**A：大変やね。**

B：どうしたらいいんやろ？

**A：どうしたらいいんかねえ。**

B：中学生になったら、そんなに勉強しないといけないのかなあ。

**A：どうなんだろうねえ。**

B：今度中１の人にきいてみようか。

**A：そうだね、それがいいかもしれない。**

B：そうしよう、あんまり考えないようにしよう！　聴いてくれてありがとう。

３．今日の学習の感想（今の気持ち）

※なお，本研修資料はMicrosoft Wordファイル形式にてダウンロード可能です。ダウンロード方法の詳細つきましては，本書154頁をご覧ください。また，本研修資料の使い方につきましては，本書第７章をご参照ください。

付録③－5

# リーフレット学習プリント

## （中学校）

〈「だれにでも、こころが苦しいときがあるから・・・」学習プリント〉

組　名前

1．あなたがためしてみたいもやもや攻略法は？

2．話の聴（き）き方（傾聴（けいちょう））

A：なんか、元気ないね？　どうしたん？
B：いや〜、別に……。
A：いつもと違うよ。何かあった？
B：それがさ、英語のテストのことで、そうとう親から言われて……。
A：そうなん。
B：塾に行きよるのにこんな点数とるなら、お年玉から塾代返せとか言われたんよ……。
A：へぇ…。
B：努力したって結果に表れんことだってあるのに、「努力が足りん」「お金がもったいない」「情けない」「こんなはずじゃなかった」……とか言われるんよね。
A：大変やね……。
B：どうしたらいいんやろ？
A：どうしたらいいんかねぇ。
B：努力がたりんのやろうか？
A：よくがんばっとったよ。努力がたりんことないよ。
B：結果に表れんことだってあるよね？
A：あるよ。
B：そうよね。いつも結果に表れるんやったら、みんな 100 点、みんな 1 番になるしかない！
A：そうよ！そうよ！
B：次のテストで頑張ればいいよね！

3．今日の学習の感想（今の気持ち）

※なお，本研修資料は Microsoft Word ファイル形式にてダウンロード可能です。ダウンロード方法の詳細つきましては，本書 154 頁をご覧ください。また，本研修資料の使い方につきましては，本書第 7 章をご参照ください。

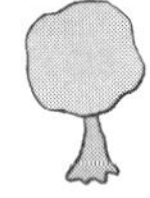



付録③－6

# リーフレットを活用した授業全体のパワーポイント

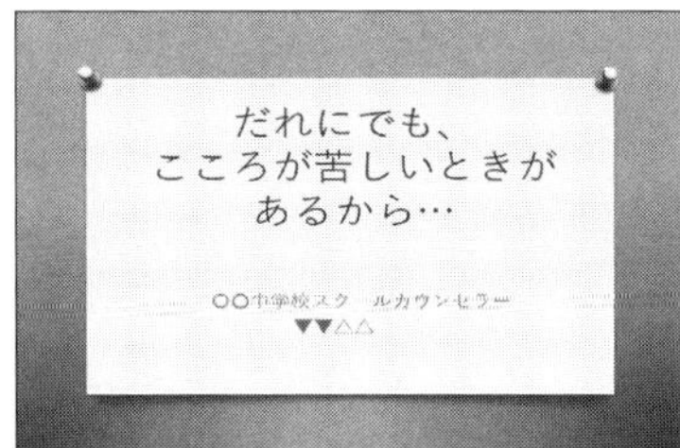


この授業は，だれにでもこころが苦しいときがあること，苦しい気持ちも必ず変わることを知ること，苦しいときの対処法のひとつとして「信頼できる人に話を聴いてもらうこと」があることを知り，相手の気持ちを楽にする話の聴き方について学ぶことを目的としています。

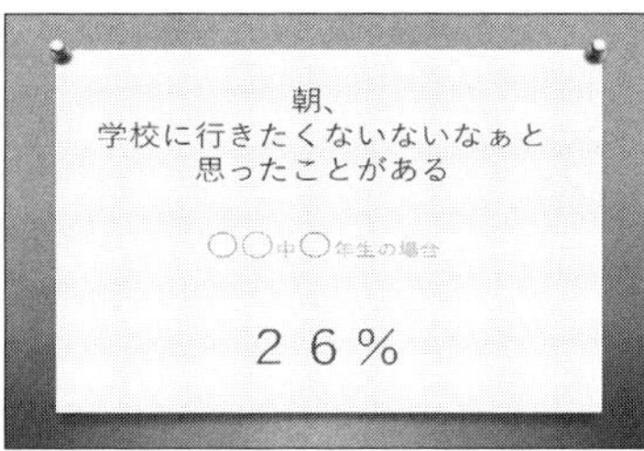


事前アンケートの結果に基づいて，当該校当該学年の実態を示します。

＊自分たちの学校，自分たちの学年の結果が示されることによって，身近な問題として捉えることができることをねらっています。

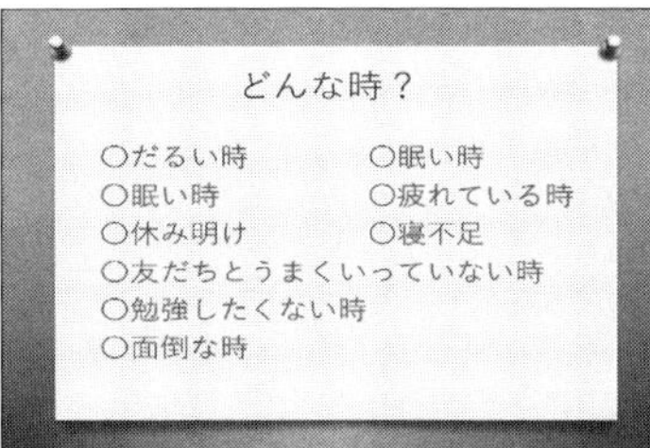


※事前アンケートで，「消えたい（死にたい）ぐらいこころが苦しくなったことがあるか」を尋ねることについて抵抗がある場合は，この項目を外したアンケートを行うことも可能です。しかし，この項目は，「身近な人の中にそのように苦しくなったことのある人がいること」を知り，そのようなことは誰の身にも起こり得ることを伝える意味で，重要だと考えています。

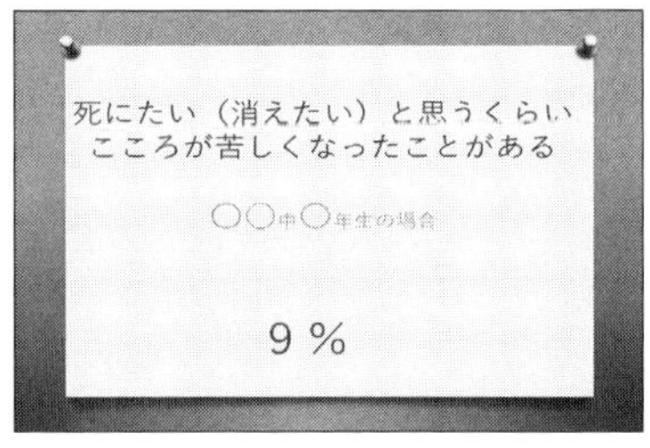

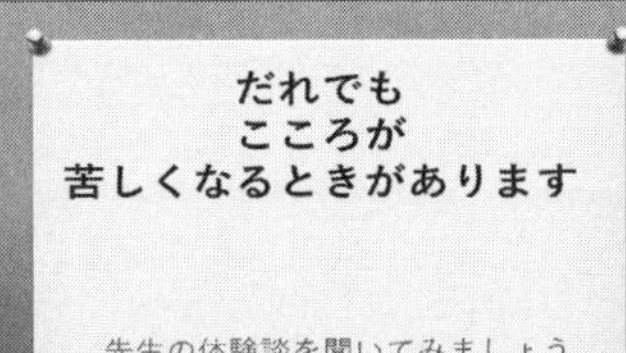


担任自身のこころが苦しくなったときの体験を話してもらいます。

※身近な存在である教職員自身にもこころが苦しい体験があったことを伝えることによって「だれにでもこころが苦しいときがある」「どんなに苦しくても必ず終わりがある」というメッセージが伝わりやすくなります。

あなたは心の苦しさや「もやもや」を
どのような方法で攻略していますか？（その１）

○人に相談する・話す・聞いてもらう（25人）
○好きなことをする（12人）
○音楽を聴く（11人）
○カラオケ・歌う（9人）
○気にしない・そのまま（8人）
○運動する（8人）　○遊ぶ（8人）
○寝る（5人）　○泣く（4人）
○お風呂でリラックス・大声を出す・物にあたる（2人）
○一人でぐちる（2人）

ここでも事前アンケートの結果から，学年，学級の人が行っている「もやもや攻略法」を示します。

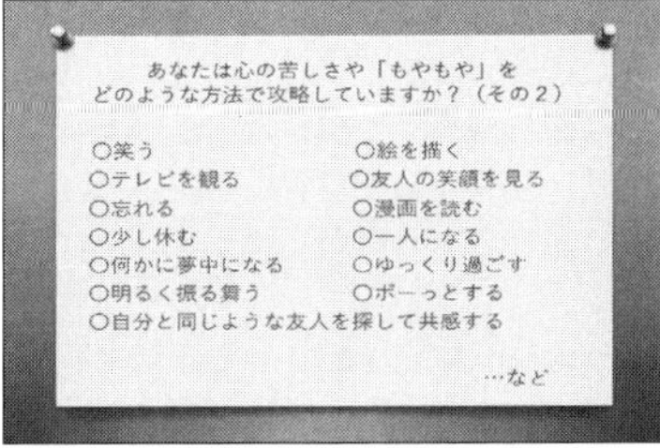


学習プリントを配布し，自分にあった「もやもや攻略法」を見つけることが大切であることを伝えます。人に相談する・話す・聞いてもらうという方法を用いている人が多くいることに注意を促します。

試してみたい「もやもや攻略法」を記入してもらいます。

もやもや度は何％だったかな？

今のこころの状態は
時間の経過や、
環境の変化や、
周りの人の支援で変化します

**どんなに苦しくても
必ず終わりがあります**

リーフレットを配布し，今のこころの状態を意識し，気づくように促します。

こころのもやもやは良い悪いの評価ではないこと，こころの状態は時間の経過，環境の変化や周囲の支援で変化するものであること，どんなに苦しくても必ず終わりがあることを強調します。

こころが苦しくなった時
あなたはだれかに相談しますか？

○○中○年生の場合

はい４９％

アンケート結果から，当該学年の児童生徒のうち，どれくらいの人たちが誰に相談しているのかを示します。

だれに相談していますか？

○友人　49人
○親　　28人
○家族　12人
○先生　11人

相談することの意義（気持ちが整理できる，見通しが漏れるようになる）などを理解できるように説明します。

伝えたい3つのメッセージ

○だれにでも
こころが苦しいときがある
○どんなに苦しくても
必ず終わりがある
○だれかに相談できる力を持とう

改めて３つのメッセージを確認し，学習プリントに記入することで，より理解を深めるようにします。

【学習のまとめ】
聴き方のポイント

○うなずきながら、
ゆっくり聴こう
○意見やアドバイスより、
聴いてくれることがうれしい
○友だちの気持ちになって、
あたたかく聴こう

話の聴き方のポイントをリーフレットを使って整理します。聴き方のポイントとしては，うなずきながらゆっくり聴こう，意見やアドバイスより聴いてくれることがうれしい，友だちの気持ちになってあたたかく聴こう，の３点を挙げています。

みなさんもペアで
シナリオを使って

友だちの話の聴き方を
練習をしましょう

担任が話し手，SC が聴き手となって，デモンストレーションをして見せ，そののち，子ども同士で話し手，聴き手の役割を体験してもらいます。

あらかじめ，子どもが話し手となる場合の相談内容例を用意しておきます。

でも、こんな時には…

聴いた話の内容がとても深刻で、
友だちが死にたいぐらい絶望的な気持ちでいる場合には、
必ず信頼できる大人に話しましょう。
「だれにも言わないで」とたのまれたとしても、
その友だちのいのちを守るためには、
「あなたのことが大切だから」と伝えて、
必ず大人に話しましょう。

もしも「消えたい（死にたい）ぐらい苦しい」と相談された時はどうしたらいいかを伝えます。必ず信頼できる大人に言うように促します。

リーフレットを使って，相談できる人，場所，方法を具体的に提示し，必要な場合には利用できるように伝えます。

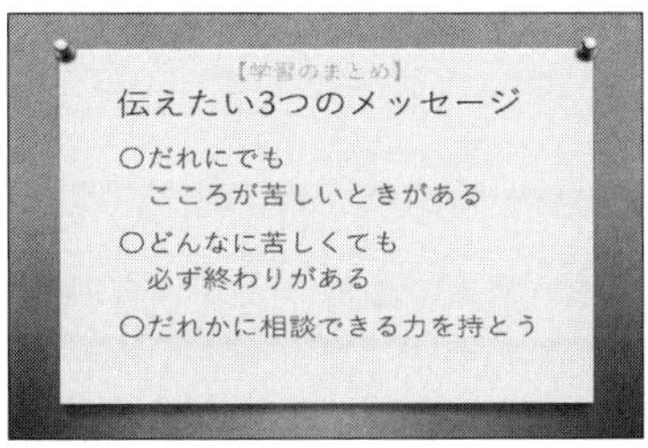


学習のまとめをします。
伝えたい３つのメッセージを確認します。

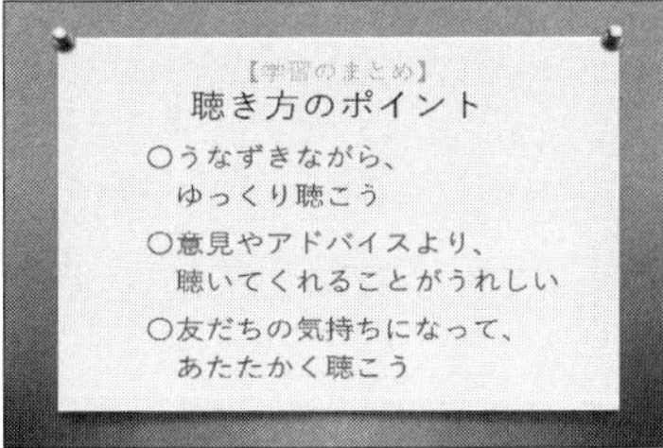


話の聴き方のポイントを再度，確認します。

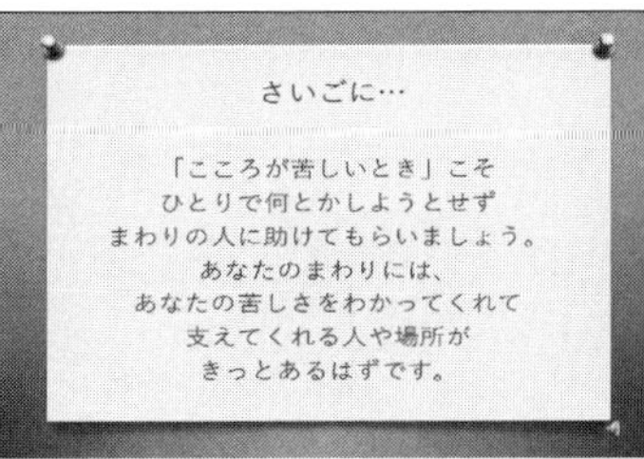


最後に「こころが苦しいとき」こそ，ひとりで何とかしようとせず，まわりの人に助けてもらうようにすることが重要であり，あなたのまわりには，あなたの苦しさをわかってくれて支えてくれる人や場所がきっとあるはずであることを伝えます。

※なお，本研修資料は Microsoft PowerPoint ファイル形式にてダウンロード可能です。ダウンロード方法の詳細につきましては，本書 154 頁をご覧ください。また，本研修資料の使い方につきましては，本書第６章，第７章をご参照ください。

付録④－1

# リーフレットを部分的に活用するプログラム指導案

【リーフレットを部分的に活用するプログラム】

「だれにでも、こころが苦しいときがあるから・・・」指導案（例）

1．目　標

苦しいときの対処法のひとつとして「信頼できる人に話を聴いてもらうこと」があることを知り、相手の気持ちを楽にする話の聴き方について学ぶ。

2．日時と場所

平成○年○月○日（○）　　　　於：●年●組教室

3．授業の展開

| 学習内容・活動 | 指導上の留意点 |
|---|---|
| 1．SC紹介の後、リーフレットを開いて、学習のめあてを確認する。<br>友だちの話の聴き方について学習しよう | |
| 2．シナリオを使って相談された時の「話の聴き方」を学習する。 | ○話の聴き方のポイントを整理する。<br><聴き方のポイント><br>・うなずきながらゆっくり聴こう！<br>・意見やアドバイスより聴いてくれることがうれしい！<br>・友だちの気持ちになってあたたかく聴こう！<br>○担任が話し手、SCが聴き手となって見せる。<br>○シナリオを使って、子どもどうしで話し手と聞き手となる相談場面を体験させる。 |
| 3．もしも「消えたいぐらい苦しい」と相談された時はどうしたらいいかを伝える。 | ○信頼できる大人に伝え、力を借りるよう促す。 |
| 4．学習のまとめをする。 | ○中学生のいじめ自殺に関する新聞記事を取り上げる。<br>○この事例の場合、友だちとしてどうしたら良かったか考えさせる。<br>○感想を記入後、回収する。 |

※なお，本研修資料はMicrosoft Wordファイル形式にてダウンロード可能です。ダウンロード方法の詳細つきましては，本書154頁をご覧ください。また，本研修資料の使い方につきましては，本書第7章をご参照ください。

付録④－2

# 相談された後の言動について考える学習指導案

**【相談された後の言動について考える学習指導案】**

**1．目　標**

相談された後の、状況に応じた対処法（言動）について話し合う中で、複数の対処法があることを知る。その話し合いがまさに相談体験となり、話し合いを通して自分自身に合った対処法を見つける。

**2．日時と場所**

平成○年○月○日（○）　　　於：●年●組教室

**3．授業の展開**

| 学習内容・活動 | 指導上の留意点 |
|---|---|
| 1．SC紹介の後、学習のめあてを確認する。<br>［友だちの相談を聴いた後どうするか、について話し合い、自分に合った方法を考えよう。］ | |
| 2．架空事例を使って、相談された後の言動について考える。 | ○言動の例を示す。<br>○自分ならどうするか、対応方法を考えたあとプリントに記入させる。<br>・担任とSCで架空事例を見せる。<br>・その後の言動について、自分だったらどうするか、を考えさせる。 |
| 4．もしも「死にたい」「消えたい」と相談された時はどうしたらいいかを伝える。 | ○信頼できる大人に言うように促す。 |
| 5．学習のまとめをする。 | ○中学生のいじめ自殺に関する新聞記事を取り上げる。<br>○この事例の場合、友だちとしてどうしたら良かったか考えさせる。<br>○感想を記入後、回収する。 |

※なお，本研修資料はMicrosoft Wordファイル形式にてダウンロード可能です。ダウンロード方法の詳細つきましては，本書154頁をご覧ください。また，本研修資料の使い方につきましては，本書第7章をご参照ください。

付録④－３

# 相談された後の学習プリント

**〈相談をされたあとの学習　状況設定 1〉**

A：ねえ、Bさん、きいてくれる？

*B：どうしたの？*

A：どうしていいかわからないことがあってね。

*B：なに？*

A：私さ、Cさんからいつも「教科書貸して」って言われるんだけど、貸した後なかなか返してもらえなくて、困ってるんだよね。

*B：そうだったの。じゃあ、私がCさんに言ってあげようか？*

A：いや、いい。

B：……………。

**【こういう相談をされた時，あなたならどうしますか？　どう言いますか？】**

①Aさんかわいそうだなと思い、「大変だね」と言う。

②Aさんのことをかわいそうだと思うが、自分に関係ないので何もしない。

③AさんがCさんに教科書を貸すからこんなことになる、こういうのを自業自得って言うんだよね、と思って何もしない。

④これだけ困っているんだから、「Aさんの力になりたい」と思い、Aさんは「いや、いい」と言ったけど、直接Cさんに伝える。

⑤これだけ困っているんだから「やっぱりCさんに言おうか？」とAさんにきいてみる。そしてCさんに伝えることができるよう、Aさんを説得する。

⑥こんな話を聞いた自分はどうしたらいいのか？　どうするべきか？　友だちのＤさんグループに相談する。

⑦「AさんがCさんのことで悩んどる、みんなで助けよう！」とラインで回す。

⑧その他＿＿＿＿＿＿＿＿＿＿＿＿＿＿＿＿＿＿＿＿

**【自分ならどうするか、考えてみましょう】**

**【グループで話し合った後の考えを書きましょう】**

**〈相談をされたあとの学習　状況設定 2〉**

*B：なんか最近元気ないね？　どうしたの？*

A：いや～、そんなことないよ。

*B：話せることだったら、話してみて。*

A：う～ん。実はね、この前Cさんの家に行った時、ゲームソフトがいっぱいあってね。

*B：それで？*

A：1個ぐらいもらってもいいかな、って思ってかばんに入れて持って帰ってしまって……。あれだけたくさんあるし、分からないかな、と思って。

*B：そうだったの。Cさんに何か言われた？*

A：今は言われてない。だけど、これって、泥棒よね？　今さら返しに行くこともできないし、どうしたらいいのか分からなくて……。

*B：どうしたらいいのかなあ……。親に言った？*

A：言えるわけないよ。うちの親こわいし……。どれだけ怒られるか分からないよ。だれにも言えなかった。

*B：そうよね。*

A：CさんやCさんの家族が警察に言いに行ったら、私（ぼく）捕まってしまうのかなあ？

**【こういう相談をされた時，あなたならどうしますか？　どう言いますか？】**

①「そんなことぐらいだれにでもあるよ。気にしなくていいよ」と言って気持ちを楽にさせようとする。

②面倒なことになりそうなので「大変だね」と言ってかかわらない。

③「勇気を出して私に話してくれてありがとう」と言う。

④「いっしょにCさんに謝って、そのゲームソフト返そう」と言う。

⑤「『間違って持って帰ってた』と言ってごまかしたら？」と言う。

⑥「もう一回遊びに行って、こっそり元に戻したらいいよ」と言う。

⑦「いっしょに先生に相談に行こう、間に入ってもらって返そう」と言う。

⑧以前にDさんが同じような経験をしたと言っていたことを思い出し、こっそりDさんにどうしたらいいか尋ねてみる。

⑨「スクールカウンセラーって、こっちの立場で考えてくれるらしいよ。いっしょに話しに行ってみよう」と誘う。

⑩その他＿＿＿＿＿＿＿＿＿＿＿＿＿＿＿＿＿＿＿＿

**【自分ならどうするか、考えてみましょう】**

**【Aさんの悩みを受けとめ、いっしょに考える発言や行動について話し合った後の考えを書きましょう。】**

※なお，本研修資料はMicrosoft Wordファイル形式にてダウンロード可能です。ダウンロード方法の詳細につきましては，本書154頁をご覧ください。また，本研修資料の使い方につきましては，本書第6章，第7章をご参照ください。

付録⑤－1

# リーフレットを部分的に活用するプログラム指導案

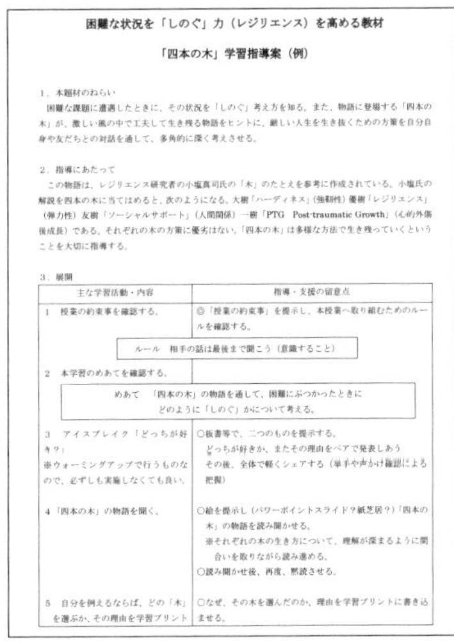

**困難な状況を「しのぐ」力（レジリエンス）を高める教材**

**「四本の木」学習指導案（例）**

1．本題材のねらい

困難な課題に遭遇したときに、その状況を「しのぐ」考え方を知る。また、物語に登場する「四本の木」が、激しい風の中で工夫して生き残る物語をヒントに、厳しい人生を生き抜くための方策を自分自身や友だちとの対話を通して、多角的に深く考えさせる。

2．指導にあたって

この物語は、レジリエンス研究者の小塩真司氏の「木」のたとえを参考に作成されている。小塩氏の解説を四本の木に当てはめると、次のようになる。大樹「ハーディネス」（強靭性）優樹「レジリエンス」（弾力性）友樹「ソーシャルサポート」（人間関係）一樹「PTG　Post-traumatic Growth」（心的外傷後成長）である。それぞれの木の方策に優劣はない。「四本の木」は多様な方法で生き残っていくということを大切に指導する。

3．展開

| 主な学習活動・内容 | 指導・支援の留意点 |
|---|---|
| 1　授業の約束事を確認する。 | ◎「授業の約束事」を提示し、本授業へ取り組むためのルールを確認する。 |
| ルール　相手の話は最後まで聞こう（意識すること） | |
| 2　本学習のめあてを確認する。 | |
| めあて　「四本の木」の物語を通して、困難にぶつかったときにどのように「しのぐ」かについて考える。 | |
| 3　アイスブレイク「どっちが好き？」<br>※ウォーミングアップで行うものなので、必ずしも実施しなくても良い。 | ○板書等で、二つのものを提示する。<br>どっちが好きか、またその理由をペアで発表しあう<br>その後、全体で軽くシェアする（挙手や声かけ確認による把握） |
| 4「四本の木」の物語を聞く。 | ○絵を提示し（パワーポイントスライド？紙芝居？）「四本の木」の物語を読み聞かせる。<br>※それぞれの木の生き方について、理解が深まるように間合いを取りながら読み進める。<br>○読み聞かせ後、再度、黙読させる。 |
| 5　自分を例えるならば、どの「木」を選ぶか、その理由を学習プリントに記入する。 | ○なぜ、その木を選んだのか、理由を学習プリントに書き込ませる。 |

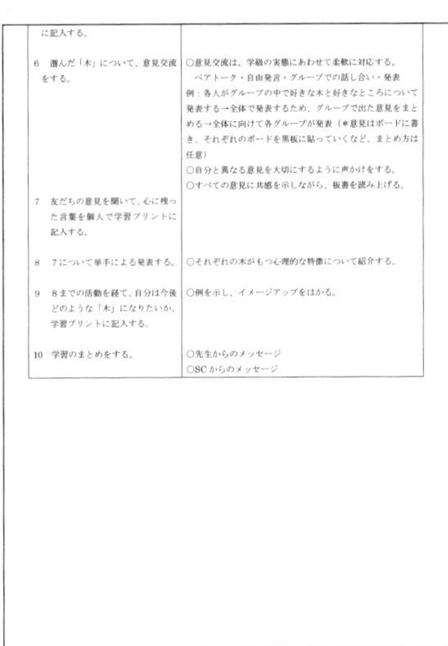

| 主な学習活動・内容 | 指導・支援の留意点 |
|---|---|
| 6　選んだ「木」について、意見交流をする。 | ○意見交流は、学級の実態にあわせて柔軟に対応する。<br>ペアトーク・自由発言・グループでの話し合い・発表<br>例：各人がグループの中で好きな木と好きなところについて発表する→全体で発表するため、グループで出た意見をまとめる→全体に向けて各グループが発表（＊意見はボードに書き、それぞれのボードを黒板に貼っていくなど、まとめ方は任意）<br>○自分と異なる意見を大切にするように声かけをする。<br>○すべての意見に共感を示しながら、板書を読み上げる。 |
| 7　友だちの意見を聞いて、心に残った言葉を個人で学習プリントに記入する。 | |
| 8　7について挙手による発表する。 | ○それぞれの木がもつ心理的な特徴について紹介する。 |
| 9　8までの活動を経て、自分は今後どのような「木」になりたいか、学習プリントに記入する。 | ○例を示し、イメージアップをはかる。 |
| 10　学習のまとめをする。 | ○先生からのメッセージ<br>○SCからのメッセージ |

※なお，本研修資料は Microsoft Word ファイル形式にてダウンロード可能です。ダウンロード方法の詳細つきましては，本書154頁をご覧ください。また，本研修資料の使い方につきましては，本書第7章をご参照ください。

## 付録⑤－２

# 「四本の木」学習プリント

### 「四本の木の生き方に学ぼう」　年　組　名前

むかしむかしのお話。

大樹

丘の上に一樹という名の一本の木が立っていました。
ある夜、はげしいあらしが吹き荒れました。
朝になると、一樹は幹からぽきりと折れていました。

それを見ていた三本の子ども、大樹、優樹、友樹は、考えました。
どうしたら、あらしが吹き荒れても生き残ることができるだろうか……。

優樹

大樹は、根を深くのばし、幹を太くして丈夫な木に育ちました。
どんな強い風が吹いても、大樹はびくともしませんでした。

友樹

優樹は、やわらかい枝、細い葉をしなやかにのばしました。
強い風に、優樹の枝は大きくゆさぶられましたが、風が去った後、
優樹はまた元のように静かに立っていました。

友樹は、鳥にたのんで、いろんな木の種を自分のまわりに落としてもらいました。
種はやがて芽吹き、いろんな木がともに生きる森ができました。
あらしは森にも吹き荒れましたが、身を寄せ合って風にたえた木々は、一本もたおれませんでした。

一樹

さて、幹からおれた一樹はどうなったでしょうか？
折れた幹と、その幹にあった枝と葉は枯れて、土になっていきました。
でも、残った株をよく見ると……、あれあれ、小さな芽が出ています。
小さいけれど、みずみずしく生気に満ちた、新しい一樹の誕生です。

**１．好きな木の名前と、その理由を書きましょう。**

| 好きな木の名前 | 理由 |
|---|---|
| | |

**２．１で書いたことについて話し合いましょう。**（班で、同じ木が好きな人と、違う木が好きな人と、など）

**３．友だちの話を聞いて、心に残ったことや言葉を書きましょう。**

**４．最後に、好きな木の名前とその理由を、自分の経験と照らし合わせながら具体的に書きましょう。**

| 好きな木の名前 | 理由 |
|---|---|
| | |
| | |
| | |

※なお，本研修資料はMicrosoft Wordファイル形式にてダウンロード可能です。ダウンロード方法の詳細つきましては，本書154頁をご覧ください。また，本研修資料の使い方につきましては，本書第７章をご参照ください。

付録⑦－1

# 自殺予防教育リーフレット

## 「だれにでも，こころがくるしいときがあるから…」

だれにでも、
こころが
苦しいときが
あるから・・・

北九州市

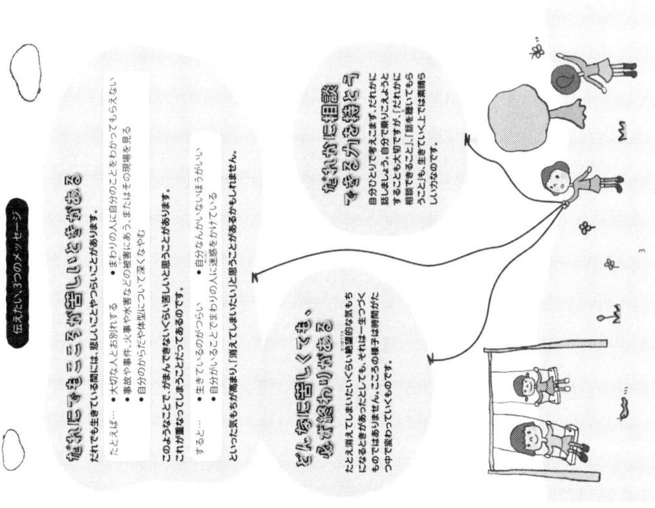

伝えたい、3つのメッセージ

**だれにでもこころが苦しいときがある**

だれでも生きている間には、悲しいことやつらいことがあります。

たとえば…
- 大切な人とお別れする
- まわりの人に自分のことをわかってもらえない
- 事故や事件、火事や水害などの被害にあう、またはその現場を見る
- 自分のからだや体型について深くなやむ

このようなことで、がまんできないくらい苦しいと思うことがあります。
これが重なってしまうことだってあるのです。

すると…
- 生きているのがつらい
- 自分なんかいないほうがいい
- 自分がいることでまわりの人に迷惑をかけている

といった気もちが高まり、「消えてしまいたい」と思うことがあるかもしれません。

**どんなに苦しくても、必ず終わりがある**

たとえ消えてしまいたいくらい絶望的な気もちになるときがあったとしても、それは一生つづくものではありません。こころの様子は時間がたつ中で変わっていくものです。

**だれかに相談できる力を持とう**

自分ひとりで考えこまず、だれかに話しましょう。自分で乗りこえようとすることも大切ですが、「だれかに相談できること」、「話を聴いてもらうこと」も、生きていく上では素晴らしい力なのです。

3

※なお，本リーフレットはPDFファイル形式にてダウンロード可能です。ダウンロード方法の詳細につきましては，本書154頁をご覧ください。

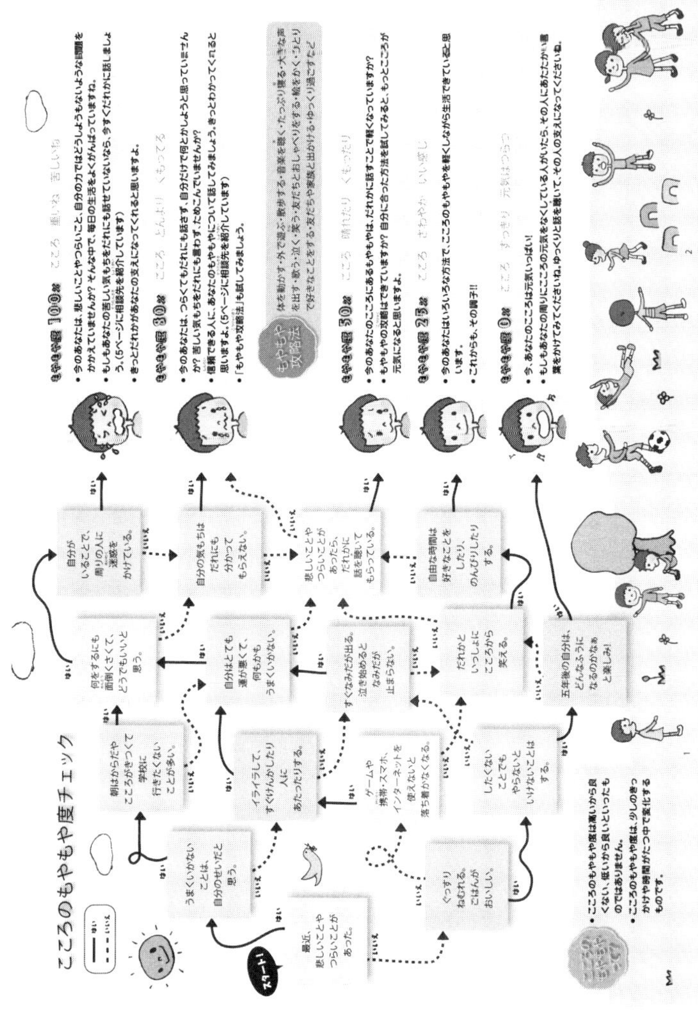

※なお，本リーフレットは PDF ファイル形式にてダウンロード可能です。ダウンロード方法の詳細につきましては，本書 154 頁をご覧ください。また，本研修の詳しい解説につきましては，本書第 6 章，第 7 章をご参照ください。

※なお，本リーフレットはPDFファイル形式にてダウンロード可能です。ダウンロード方法の詳細につきましては，本書154頁をご覧ください。また，本研修の詳しい解説につきましては，本書第6章，第7章をご参照ください。

## ダウンロード資料のご利用方法

本書に掲載している以下のファイルは，小社のホームページから無料でダウンロードができます。ライセンスフリーですので，そのままご使用いただくことも，改変を加えてご使用いただくことも可能です。

ただし，資料をダウンロードして使用する際には，資料自体に下記の通り出典を明記してください。また改変される際には下記の通りご記載ください。

窪田・シャルマ編（2024）学校における自殺予防教育のすすめ方［改訂版］（遠見書房）から転載

もしくは

窪田・シャルマ編（2024）学校における自殺予防教育のすすめ方［改訂版］（遠見書房）を一部改変

### 提供されるデータの内容

P／パワーポイント（Microsoft PowerPoint）資料　W／ワード（Microsoft Word）資料　PDF／PDF（Portable Document Format）資料

P　付録①－1　SC が行う教職員研修
W　付録①－2　SC が行う教職員研修【児童の話を聴くシナリオ（小学校版）】
W　付録①－3　SC が行う教職員研修【生徒の話を聴くシナリオ（中学校版）】

P　付録②－1　SC 研修資料

W　付録③－1　リーフレットを活用した授業指導案
W　付録③－2　事前アンケート
P　付録③－3　授業で提示する事前アンケートの集計パワーポイント
W　付録③－4　リーフレット学習プリント（小学校）
W　付録③－5　リーフレット学習プリント（中学校）
P　付録③－6　リーフレットを活用した授業全体のパワーポイント

W　付録④－1　リーフレットを部分的に活用するプログラム指導案
W　付録④－2　相談された後の言動について考える学習指導案
W　付録④－3　相談された後の学習プリント

W　付録⑤－1　レジリエンスを高める教材「四本の木」学習指導案
W　付録⑤－2　「四本の木」学習プリント

PDF　付録⑥－1　子ども向け自殺予防教育リーフレット「だれにでも，こころが苦しいときがあるから…」

このダウンロードができるのは，本書の購入者に限ります。購入者以外の利用はご遠慮ください。また，本データのファイル形式は「パワーポイントとワードと PDF」にな

ります。ファイルを開くにはソフトが必要となります。

## 本データのダウンロードの仕方

1）小社の販売サイト「遠見書房の書店」https://tomishobo.stores.jp/ にアクセスをしてください。

2）左上の検索ボタン（虫眼鏡のような形をしたアイコン）を押して，「購入者用ダウンロード資料」を検索してください。URL は，https://tomishobo.stores.jp/items/6620d437758861002e600183 です。（もしくは下の二次元バーコードをお使いください）

3）「0円」であることを確認して，「カート」に入れて，手続きを進めてください。

4）手順に沿ってダウンロードができたら，ファイルをクリックします。パスワードを要求される場合は，Nd48HtcB（エヌ・ディー・よん・はち・エイチ・ティー・シー・ビー）を入力してください

5）ファイルサイズは，約 9.4MB ほどです。

6）うまく行かない場合は，弊社 tomi@tomishobo.com までご連絡をください。

## 使用条件

・ダウンロード資料が利用できるのは，本書の購入者のみです。購入者以外は利用できません。

・このデータは，購入者の臨床支援のために作られたものです。読者の臨床や支援とは関係のない第三者への本データの販売，譲渡，本データをウェブサイトや SNS などで不特定多数の方がアクセスできるようにすること，研修会などで資料として配布することなどは禁止します。

・本書の購入者が，臨床支援以外の活動において使用する場合（たとえば研修会などの資料などに使う，ウェブサイトや印刷物に利用する等）は，弊社 tomi@tomishobo.com までお問い合わせください。

・不正な利用が見つかった場合は必要な措置をとらせていただきます。

・本書ダウンロード資料の著作権は，編者の窪田由紀さん，シャルマ直美さんに，配布権は遠見書房に帰属します。
・本書ダウンロード資料の著作権についての問い合わせは，遠見書房が窓口になっています。何かわからないことがある場合，お気軽にお問い合わせください。
遠見書房 tomi@tomishobo.com

執筆者一覧

窪田由紀（くばた・ゆき：九州産業大学）＝編者
第１章，第２章，第３章，コラム１，２，３
シャルマ直美（しゃるま・なおみ：北九州市スクールカウンセラー）＝編者
第６章，第７章，コラム10
秋田寛子（あきた・のりこ：九州栄養福祉大学カウンセラー）
第４章
長﨑明子（ながさき・あきこ：北九州市小倉南区役所）
第５章，コラム４，コラム６
鎌谷友子（かまたに・ともこ：北九州市市立精神保健福祉センター）
第５章
荒岡悠太（あらおか・ゆうた：北九州市小学校教諭）
コラム９
奥　いづみ（おく・いづみ：北九州市スクールカウンセラー）
コラム７
重藤宏彰（しげとう・ひろあき：北九州市中学校教諭）
コラム８
肘井千佳（ひじい・ちか：北九州市小学校校長）
コラム５
田中まり（たなか・まり：たいせつプロダクト）
イラスト

本書の印税は，自殺予防および自死遺児への支援を行なっている団体に寄付いたします。
（執筆者一同）

編者略歴

窪田由紀（くぼた・ゆき）：九州産業大学産学共創・研究推進本部科研費特任研究員，北九州市スクールカウンセラー。臨床心理士，公認心理師，博士（学術）。1980 年，九州大学大学院教育学研究科博士課程単位取得後退学。1982 年より北九州市立デイケアセンター臨床心理士，九州国際大学，九州産業大学，名古屋大学，九州産業大学の教員（2022 年 3 月まで）を経て現職。文部科学省「児童生徒の自殺予防に関する調査研究協力者会議」座長。主な著書に『学校コミュニティへの緊急支援の手引き』（共編著，金剛出版，2005，2017，2020），『臨床実践としてのコミュニティ・アプローチ』（単著，金剛出版，2009），『災害に備える心理教育』（共編著，ミネルヴァ書房，2016），『学校における自殺予防教育のすすめ方』（編著，遠見書房，2016），『危機への心理的支援』（編著，ナカニシヤ出版，2022）ほか。

シャルマ直美（しゃるま・なおみ）：福岡県生まれ。北九州市（小学校，中学校，特別支援学校）スクールカウンセラー，福岡県立高校・私立高校スクールカウンセラー，臨床心理士，公認心理師。1982 年，福岡教育大学養護学校教員養成課程卒業。1982 年より北九州市立小学校教諭，ネパールの幼稚園教員，社会福祉法人北九州市手をつなぐ育成会職員（2000 年 3 月まで）を経て現職。著書に『学校における自殺予防教育のすすめ方』（共著，遠見書房，2016）。

---


学校における自殺予防教育のすすめ方［改訂版］

だれにでもこころが苦しいときがあるから

2024 年 6 月 15 日　第 1 刷

編　者　窪田由紀・シャルマ直美

発行人　山内俊介

発行所　遠見書房

〒 181-0001 東京都三鷹市井の頭 2-28-16

株式会社　遠見書房

遠見書房

TEL 0422-26-6711　FAX 050-3488-3894

tomi@tomishobo.com　http://tomishobo.com

遠見書房の書店　https://tomishobo.stores.jp



印刷・製本　モリモト印刷

ISBN978-4-86616-194-5　C3011